LE CHANSONNIER
DES
CHANSONNIERS.

LE CHANSONNIER

DES CHANSONNIERS.

LE CHANSONNIER
DES CHANSONNIERS,

OU

CHOIX DE CHANSONS

ANCIENNES ET NOUVELLES,

Extraites de Béranger, Désaugiers, comte de Ségur, Émile Débraux, Collé, Eugène Scribe, etc., etc.

Suivies de

CHANSONS POUR NOCES ET BAPTÊMES,

Recueillies et mises en ordre

PAR FÉLIX DE LA LINARDIÈRE.

PARIS,

CHEZ LES MARCHANDS DE NOUVEAUTÉS.

—

1838.

CHOIX

DE CHANSONS

ANCIENNES ET NOUVELLES.

LE VIEUX SERGENT (1815).

Air : *Dis-moi soldat ; dis-moi, t'en souviens-tu ?*

Près du rouet de sa fille chérie
Le vieux sergent se distrait de ses maux,
Et, d'une main que la balle a meurtrie,
Berce en riant deux petits-fils jumeaux,
Assis tranquille au seuil du toit champêtre,
Son seul refuge après tant de combats,
Il dit par fois : « Ce n'est pas tout de naître ;
« Dieu, mes enfans, vous donne un beau trépas ! »

Mais qu'entend-il ? le tambour qui résonne ?
Il voit au loin passer un bataillon.
Le sang remonte à son front qui grisonne !
Le vieux coursier a senti l'aiguillon.
Hélas ! soudain, tristement il s'écrie :
« C'est un drapeau que je ne connais pas (1) :
« Ah ! si jamais vous vengez la patrie,
« Dieu, mes enfans, vous donne un beau trépas !

---

(1) La France était alors couverte de drapeaux étrangers.

« Qui nous rendra, dit cet homme héroïque,
« Aux bords du Rhin, à Jemmape, à Fleurus,
« Ces paysans, fils de la république,
« Sur la frontière, à sa voix accourus,
« Pieds nus, sans pain, sourds aux lâches alarmes,
« Tous à la gloire allaient du même pas.
« Le Rhin lui seul pour retremper nos armes.
« Dieu, mes enfans, vous donne un beau trépas!

« De quel éclat brillaient dans la bataille
« Ces habits bleus par la victoire usés!
« La liberté mêlait à la mitraille
« Des fers rompus et des sceptres brisés;
« Les nations, reines par nos conquêtes,
« Ceignaient de fleurs le front de nos soldats.
« Heureux celui qui mourut dans ces fêtes!
« Dieu, mes enfans, vous donne un beau trépas!

« Tant de vertu trop tôt fut obscurcie.
Pour s'anoblir nos chefs sortent des rangs;
Par la cartouche encor toute noircie,
Leur bouche est prête à flatter les tyrans.
« La liberté déserte avec ses armes,
« D'un trône à l'autre ils vont offrir leurs bras;
« A notre gloire on mesure nos larmes.
« Dieu, mes enfans vous donne un beau trépas!

« Sa fille alors, interrompant sa plainte,
Tout en filant, lui chante à demi-voix
Ces airs proscrits qui, les frappant de crainte
Ont en sursaut réveillé tous les rois....................
Puis il répète à ses fils qui sommeillent:
« Dieu, mes enfans, vous donne un beau trépas!

BÉRANGER.

LE TEMPS ET L'AMOUR.

Air connu.

A voyager passant sa vie,
Certain vieillard nommé le Temps,
Près d'un fleuve arrive et s'écrie :
« Ayez pitié de mes vieux ans.
« Hé quoi ! sur ces bords on m'oublie,
« Moi, qui compte tous les instans !
« Mes bons amis, je vous supplie,
« Venez, venez passer le Temps. »

De l'autre côté sur la plage,
Plus d'une fille regardait,
Et voulait aider son passage
Sur un bateau qu'Amour guidait :
Mais une d'elles, bien plus sage,
Leur répétait ces mots prudens :
« Ah ! souvent on a fait naufrage,
« En cherchant à passer le Temps. »

L'Amour gaîment pousse au rivage ;
Il aborde tout près du Temps ;
Et lui propose le voyage,
L'embarque et s'abandonne aux vents ;
Agitant ses rames légères,
Il dit et redit dans ses chants :
« Vous voyez bien jeunes bergères,
« Que l'Amour fait passer le temps. »

Mais tout-à-coup l'Amour se lasse :
Ce fut toujours là son défaut.
Le Temps prend la rame à sa place,
Et lui dit : « Quoi ! céder sitôt !

» Pauvre enfant ! quelle est ta faiblesse !
» Tu dors, et je chante à mon tour
» Ce vieux refrain de la Sagesse :
» Ah ! le Temps fait passer l'Amour. »

J. A. Ségur.

MON SENTIMENT

SUR LES SENTIMENS.

Air à faire.

Des propos de ruelle,
De petits mots charmans ;
Jouer près d'une belle
Tous les grands mouvemens ;
Une ample kirielle
D'aimables faux sermens,
Voilà ce qu'on appelle
    Des sentimens.

Une actrice nouvelle
Ne veut de ses amans,
Qu'une belle vaisselle,
De beaux ameublemens ?
Qu'ils y joignent, dit-elle,
L'or et les diamans :
Voilà ce qu'elle appelle
    Des sentimens.

La platonique Adèle,
Cherche dans les amans,
Un cœur pur et fidèle,
Et détaché des sens,

Aussi le trouve-t-elle,
Mais c'est dans les romans ;
Voilà ce qu'elle appelle
   Des sentimens.

Églé, plus sensuelle,
N'exige des amans
Ni passion, dit-elle,
Ni tendres mouvemens ;
Faites à cette belle
Cinq ou six complimens :
Voilà ce qu'elle appelle
   Des sentimens.

La délicate Urgèle
Tracasse ses amans,
C'est toujours avec elle
Des éclaircissemens :
Chercher toujours querelle,
Se forger des tourmens,
Voilà ce qu'elle appelle,
   Des sentimens.

Estime mutuelle,
Candeur dans deux amans,
Ardeur toujours nouvelle,
Tendres égaremens ;
Que leur âme se mêle
Et se joigne à leurs sens ;
Voilà ce que j'appelle
   Des sentimens.

COLLÉ.

LE VRAI BUVEUR.

Air : *Aussitôt que la lumière.*

Aussitôt que la lumière
A redoré nos côteaux,
Je commence ma carrière
Par visiter mes tonneaux :
Ravi de revoir l'aurore,
Le verre en main, je lui dis :
Vois-tu sur la rive maure
Plus qu'à mon nez de rubis.

Le plus grand roi de la terre,
Quand je suis dans un repas,
S'il me déclarait la guerre
Ne m'épouvanterait pas :
A table rien ne m'étonne,
Et je pense, quand je bois,
Si là-haut Jupiter tonne,
Que c'est qu'il a peur de moi.

Si quelque jour étant ivre,
La mort arrêtait mes pas,
Je ne voudrais pas revivre
Pour changer ce doux trépas ;
Je m'en irais dans l'Averne
Faire enivrer Alecton,
Et bâtir une taverne
Dans le manoir de Pluton.

Par ce nectar délectable,
Les démons étant vaincus,
Je ferais chanter au diable
Les louanges de Bacchus.

J'apaiserais de Tantale
La grande altération,
Et passant l'onde infernale
Je ferais boire Ixion.

   Au bout de ma quarantaine,
Cent ivrognes m'ont promis,
De venir la tasse pleine,
Au gît où l'on m'aura mis :
Pour me faire une hécatombe
Qui signale mon destin,
Ils arroseront ma tombe
De plus de cent brocs de vin.

   De marbre ni de porphire
Qu'on ne fasse mon tombeau,
Pour cercueil je ne désire
Que le contour d'un tonneau,
Et veux qu'on peigne ma trogne
Avec ces vers à l'entour :
« Ci-gît le plus grand ivrogne
« Qui jamais ait vu le jour. »

   Maître ADAM, menuisier de Nevers.

LE VIEUX DRAPEAU.

Air : *Elle aime à rire, elle aime à boire.*

De mes vieux compagnons de gloire
Je viens de me voir entouré.
Nos souvenirs m'ont enivré ;
Le vin m'a rendu la mémoire.
Fier de mes exploits et des leurs ;
J'ai mon drapeau dans ma chaumière ;
Quand secoûrai-je la poussière,
Qui ternit ses nobles couleurs ?

Il est caché sous l'humble paille
Où je dors pauvre et mutilé,
Lui qui, sûr de vaincre, a volé
Vingt ans de bataille en bataille :
Chargé de lauriers et de fleurs,
Il brillait sur l'Europe entière.
Quand secoûrai-je la poussière
Qui ternit ses nobles couleurs ?

Ce drapeau payait à la France
Tout le sang qu'il nous a coûté.
Sur le sein de la liberté
Nos fils jouaient avec sa lance.
Qu'il prouve encore aux oppresseurs ;
Combien la gloire est roturière.
Quand secoûrai-je la poussière
Qui ternit ses nobles couleurs ?

Son aigle est resté dans la poudre,
Fatigué des lointains exploits.
Rendons-lui le coq des Gaulois,
Il sut aussi lancer la foudre.

La France oubliant ses douleurs,
Le rebénira libre et fière.
Quand secoûrai-je la poussière
Qui ternit ses nobles couleurs ?

 Las d'errer avec la victoire,
Des lois il deviendra l'appui.
Chaque soldat fut, grâce à lui,
Citoyen au bord de la Loire.
Seul, il peut voiler nos malheurs ;
Déployons-le sur la frontière.
Quand secoûrai-je la poussière
Qui ternit ses nobles couleurs ?

 Mais il est là près de mes armes,
Un instant osons l'entrevoir.
Viens, mon drapeau, viens, mon espoir,
C'est à toi d'essuyer mes larmes.
D'un guerrier qui verse des pleurs,
Le ciel entendra la prière.
Quand secoûrai-je la poussière.
Qui ternit ses nobles couleurs ?

BÉRANGER.

LA CHAINE.

Air: *Paillasse, Paillasse.* (Béranger.)

  La chaine (*bis.*)
 De l'intérêt ou de l'hymen
  La chaine
  Enchaine
Le genre humain. (*bis.*)

J'adore l'aimable Fanchette,
Que je ne puis voir qu'en cachette;
J'ai beau l'attendre au rendez-vous,
Son tuteur, maussade et jaloux,
La tient sous les verroux.

  La chaine, etc.

Aux discours d'un célibataire,
En rougissant, on doit se taire.
Quand on a, pour une beauté,
Vendu jeunesse et liberté,
On a bien mérité

  La chaine, etc.

Le cupide colon trafique
Les noirs qu'il arrache d'Afrique,
Mais la fortune a ses revers,
Elle peut contre les pervers
Faire tourner les fers:

  La chaine, etc.

En faisant la paix ou la guerre
Du peuple on ne s'occupe guère;
Trouvant tout progrès dangereux,

Les rois font comme leurs aïeux
Porter aux malheureux

    La chaîne, etc.

Thémis a comme une imprudente
Frappé la presse indépendante ;
Quand le mensonge a des échos,
La vérité, sourde à nos maux,
Se tait dans les cachots.

    La chaîne, etc,

Sachez, flatteurs, qu'un peuple libre
Du trône soutient l'équilibre ;
Rompez...., il est fier de ses droits ;
Vous êtes, s'il est aux abois,
Les esclaves des rois.

    La chaîne (*bis*)
De l'intérêt ou de l'hymen ;
    La chaîne
    Enchaîne
Le genre humain. (*bis.*)

                           LOUVET.

LA MARSEILLAISE,

(Chant patriotique et national.

Allons, enfans de la patrie,
Le jour de gloire est arrivé :
Contre nous de la tyrannie
L'étendard sanglant est levé.   *(bis.)*
Entendez-vous, dans les campagnes
Mugir ces féroces soldats !
Ils viennent jusque dans vos bras
Egorger vos fils, vos compagnes.

Aux armes, citoyens, formez vos bataillons ;
   Marchons,
   Marchons,
Qu'un sang impur abreuve nos sillons.

Que veut cette horde d'esclaves,
De traîtres, de rois conjurés ?
Pour qui ces ignobles entraves,
Ces fers dès long-temps préparés?   *(bis.)*
Français, pour nous, ah, quel outrage !
Quels transports il doit exciter !
C'est nous qu'on ose méditer
De rendre à l'antique esclavage!

Aux armes, citoyens, formez vos bataillons ;
   Marchons,
   Marchons,
Qu'un sang impur abreuve nos sillons.

Quoi ! des cohortes étrangères
Feraient la loi dans nos foyers !
Quoi ! ces phalanges mercenaires
Terrasseraient nos fiers guerriers ! (*bis.*)
Grand Dieu ! par des mains enchaînées,
Nos fronts sous le joug se ploieraient ;
De vils despotes deviendraient
Les maîtres de nos destinées.

Aux armes, citoyens, formez vos bataillons;
      Marchons,
      Marchons,
Qu'un sang impur abreuve nos sillons.

Tremblez, tyrans, et vous perfides,
L'opprobre de tous les partis ;
Tremblez ! vos projets parricides
Vont enfin recevoir leur prix : (*bis.*)
Tout est soldat pour vous combattre ;
S'ils tombent, nos jeunes héros,
La terre en produit de nouveaux
Contre vous tout prêts à se battre.

Aux armes, citoyens, formez vos bataillons;
      Marchons,
      Marchons,
Qu'un sang impur abreuve nos sillons.

Français, en guerriers magnanimes,
Portez ou retenez vos coups ;
Epargnez ces tristes victimes
A regret s'armant contre nous : (*bis.*)
Mais ces despotes sanguinaires,
Mais les complices de Bouillé,
Tous ces tigres qui sans pitié
Déchirent le sein de leurs mères.

Aux armes, citoyens, formez vos bataillons;
   Marchons,
   Marchons,
Qu'un sang impur abreuve nos sillons.

  AMOUR SACRÉ de la Patrie,
  Conduis, soutiens nos bras vengeurs :
  Liberté, liberté chérie,
  Combats avec tes défenseurs : (*bis*.)
  Sous nos drapeaux que la victoire
  Accoure à tes mâles accens;
  Que tes ennemis expirans
  Voient ton triomphe et notre gloire.

Aux armes, citoyens, formez vos bataillons;
   Marchons,
   Marchons,
Qu'un sang impur abreuve nos sillons.

   COUPLET DES ENFANS.

  Nous entrerons dans la carrière
  Quand nos aînés n'y seront plus :
  Nous y trouverons leur poussière
  Et la trace de leurs vertus ; (*bis*.)
  Bien moins jaloux de leur survivre
  Que de partager leur cercueil,
  Nous aurons le sublime orgueil
  De les venger ou de les suivre.

Aux armes, citoyens, formez vos bataillons;
   Marchez,
   Marchez,
Qu'un sang impur abreuve nos sillons.

       ROUGET DE LILE.

L'AMOUR ET LE DIABLE.

Air : *In vino veritas.*

On sait que l'amour et le diable
Sont les deux démons d'ici-bas.
Si le second est effroyable,
L'autre a de dangereux appas.
Toujours sur plus d'un cœur profane
Leur art perfide a réussi.
Enfin, si le diable nous damne,
L'amour nous fait damner aussi.

Or, le diable garde en réserve
Contre l'amour secret courroux.
Bien que souvent l'amour le serve,
De l'amour le diable est jaloux.
Un jour cet esprit détestable,
Lançant des regards ennemis,
Veut mettre en enfer l'autre diable,
Qui d'abord met en paradis.

Il l'aborde, il semble maudire...
Le diable d'amour, sans retard,
Sait l'étonner par un sourire,
Et l'a vaincu par un regard.
Cédant au pouvoir qui l'accable,
L'esprit fatal est dans les fers,
Et l'amour emporte le diable :
Il emporterait l'univers.

Mais quand sa victoire est fixée,
L'amour se néglige soudain :
C'est une mauvaise pensée
Que lui souffle l'esprit malin.

Souvent le conquérant sommeille
Il dort même, et si bien qu'un jour
Il est conquis quand il s'éveille,
Et le diable emporte l'amour.

   L'amour, appelant à son aide,
Vainement crie au ravisseur;
Il était perdu sans remède,
S'il n'eût pas rencontré sa sœur;
L'Amitié, noble et secourable,
L'enlève au démon effrayé;
Et l'Amour qu'emportait le diable
Se sauva près de l'Amitié.

              CREUZÉ DE LESSER.

LE TOMBEAU DE PONIATOWSKI.

Air : *De la romance de Théniers.*

Sortant des prisons de Russie,
Un Français cherchait le repos
Dans un champ de la Sarmatie,
Près de la tombe d'un héros ;
La sombre nuit dérobait à sa vue
Le monument offert à la valeur ;
L'astre du soir, enfin, perce la nue,
Et du soldat éclaire la douleur.   (bis.)

Alors, sur un marbre funèbre,
Ombragé de nombreux lauriers,
Il reconnaît un nom célèbre
Et cher à tous les vrais guerriers :
« Poniatowski ! là repose ta cendre ! »
Dit le soldat, ému d'un saint respect,
Ta gloire, hélas ! n'a donc pu te défendre,
Et le méchant ne craint plus ton aspect.

Tu pris pour devise chérie,
Voiant à tes derniers succès,
La liberté de ta patrie
Et la gloire du nom français.
La trahison détruisait ton courage,
Mais l'ennemi craignait encor ton bras,
Quand sur les bords d'un funeste rivage
Notre malheur t'a conduit au trépas.

Guerrier généreux, magnanime,
Modèle de fidélité,
Toi qui fus la terreur du crime
Et l'appui de l'humanité;
Toi, qui toujours, ami vrai de la France,
Du Polonais fus l'amour et l'orgueil;
A ton pays qui rendra l'espérance!
La liberté gémit sur ton cercueil.

Pleurez, filles de l'Ibérie
Dont il protégea la pudeur;
Pleurez, enfans de ma patrie,
Qu'il devançait au champ d'honneur;
Faibles vieillards, habitans des campagnes,
Ah! redoutez un farouche oppresseur:
Jeunes époux, craignez pour vos compagnes,
Il est tombé, votre fier défenseur.

LES GUEUX.

Air : *Première ronde du départ pour Saint-Malo.*

  Les gueux, les gueux,
  Sont les gens heureux ;
  Ils s'aiment entre eux.
   Vivent les gueux !
Des gueux chantons la louange.
Que de gueux hommes de bien !
Il faut qu'enfin l'esprit venge
L'honnête homme qui n'a rien.
  Les gueux, les gueux,
  Sont les gens heureux,
  Ils s'aiment entre eux,
   Vivent les gueux !

Oui, le bonheur est facile
Au sein de la pauvreté :
J'en atteste l'évangile ;
J'en atteste ma gaîté.
  Les gueux, les gueux,
  Sont les gens heureux ;
  Ils s'aiment entre eux,
   Vivent les gueux !

Au Parnasse la misère
Long-temps a régné, dit-on.
Quel bien possédait Homère ?
Une besace, un bâton.
  Les gueux, les gueux,
  Sont les gens heureux ;
  Ils s'aiment entre eux,
   Vivent les gueux !

Du faste qui nous étonne,
L'exil punit plus d'un grand;
Diogène dans sa tonne,
Brave en paix le conquérant.
   Les gueux, les gueux,
    Sont les gens heureux;
    Ils s'aiment entre eux,
     Vivent les gueux!

D'un palais l'éclat vous frappe;
Mais l'ennui vient y gémir;
On peut bien manger sans nappe,
Sur la paille on peut dormir.
   Les gueux, les gueux,
    Sont les gens heureux;
    Ils s'aiment entre eux,
     Vivent les gueux!

Quel dieu se plaît et s'agite
Sur ce grabat qu'il fleurit?
C'est l'amour qui rend visite
A la pauvreté qui rit.
   Les gueux, les gueux,
    Sont les gens heureux,
    Ils s'aiment entre eux,
     Vivent les gueux!

L'amitié que l'on regrette
N'a point quitté nos climats;
Elle trinque à la guinguette
Assise entre deux soldats.
   Les gueux, les gueux,
    Sont les gens heureux,
    Ils s'aiment entre eux,
     Vivent les gueux!

                        BÉRANGER.

LA COLONNE.

Air connu.

Salut, monument gigantesque,
De la valeur et des beaux-arts,
D'une teinte chevaleresque
Toi seul colore nos remparts.
De quelle gloire l'environne
Le tableau de tant de hauts faits !
Ah ! qu'on est fier d'être Français
Quand on regarde la colonne !

Anglais, fiers d'un jour de victoire,
Par vingt rois conquis bravement,
Tu prétends, pour tromper l'histoire,
Imiter ce beau monument.
Souviens-toi donc, race bretonne,
Qu'en dépit de tes factions,
Du bronze de vingt nations
Nous avons formé la colonne.

Et vous qui domptez les orages,
Guerriers, vous pouvez désormais
Du sort mépriser les outrages,
Les héros ne meurent jamais.
Vos noms, si le temps vous moissonne,
Iront à la postérité,
Vos brevets d'immortalité
Sont burinés sur la colonne.

Pourquoi, sur l'onde fugitive,
Se soustraire au pouvoir royal ?
Pour moi, comme la sensitive,
Je mourrai sur le sol natal.

Ah ! si la France un jour m'ordonne
De chercher au loin le bonheur,
J'irai mourir au champ d'honneur
Ou bien au pied de la colonne.

E. DEBRAUX.

LE CHAMPAGNE.

Air de Turenne.

Riant de l'austère sagesse ;
Entre une treille et la beauté,
A la place de la tristesse,
J'aime à retrouver la gaîté.
Ici me trouvant à Cocagne,
De chanter j'ai fait le projet ;
Or, je suis plein de mon sujet,
Car je vais chanter le Champagne.

Fier de renverser les entraves,
Du Français j'aime la valeur ;
Comme le Champagne, nos braves
Sont pétillans au champ d'honneur.
Pour terminer une campagne,
En frappant d'un bras affermi,
Ils ont, pour vaincre l'ennemi,
La vivacité du Champagne.

L'éclat sulfureux du tonnerre
N'a rien qui me fasse frémir ;
Pourvu qu'il respecte mon verre,
Je suis tout prêt à le bénir.
Quand en grondant sur la campagne
Son fracas déchire le ciel,
Je crois voir le père Eternel....
Brisant un flacon de Champagne.

Entre la Seine et la Tamise,
Amis, point de comparaison ;
Ici la folie est admise,
Et là-bas règne la raison !
Le Français fête sa compagne,
Quand l'Anglais de se pendre est fier ;
C'est qu'à Londres on boit du Porter,
Et qu'à Paris c'est du Champagne.

Ah ! cette liqueur sans pareille
Chez la beauté reçut le jour ;
Sa nourrice fut une treille,
Mais son vrai père fut l'amour.
Femme que la grâce accompagne,
Je le vois, dans votre œil malin,
Ce fut d'un cerveau féminin
Qu'Amour fit jaillir le Champagne.

Image de l'indépendance,
J'aime ce vin séditieux ;
Voyez ce bouchon, il s'élance
De cette table jusqu'aux cieux !
Pour battre là-haut la campagne,
Pourquoi faut-il, joyeux lurons,
Que de ce monde nous partions....
Aussi vite que le Champagne ?

PLUS ON EST DE FOUS, PLUS ON RIT.

Air connu.

Des frélons bravant la piqûre,
Que j'aime à voir dans ce séjour
Le joyeux troupeau d'Epicure
Se recruter de jour en jour :
Francs buveurs que Bacchus attire,
Dans ces retraites qu'il chérit,
Avec nous, venez boire et rire,
Plus on est de fous, plus on rit.   *(ter.)*

Ma règle est plus juste et plus prompte,
Que les calculs de nos savans,
C'est le verre en main que je compte
Mes vrais amis, les bons vivans :
Plus je bois, plus le nombre augmente,
Et quand ma coupe se tarit,
Au lieu de quinze j'en vois trente ;
Plus on est de fous, plus on rit.

Francs buveurs, etc.

Si j'avais une cave pleine
Des vins choisis que nous sablons,
Et grande au moins comme la plaine
De Saint-Denis ou des Sablons,
Mon pinceau trempé dans la lie,
Sur tous les murs aurait écrit :
Entrez, enfans de la folie ;
Plus on est de fous, plus on rit

Francs buveurs, etc.

Entrez, soutiens de la sagesse,
Apôtres de l'humanité :
Entrez, amis de la richesse ;
Entrez, amans de la beauté :
Entrez fillettes dégourdies,
Vieilles qui visez à l'esprit,
Entrez, auteurs de tragédies :
Plus on est de fous, plus on rit.

   Francs buveurs, etc.

Puisqu'enfin la vie a des bornes,
Aux enfers un jour nous irons,
Et, malgré le diable et ses cornes,
Aux enfers, un jour nous rirons.
L'heureux espoir, qui nous rassemble?
Or, voici ce qui le nourrit,
Nous serons là-bas tous ensemble :
Plus on est de fous, plus on rit.

   Francs buveurs, etc.

Armand Gouffé

VIVE L'AMOUR.

Air : *Vive le vin, vive ce jus divin.*

Vive l'amour,
Qu'il soit en ce séjour,
Jusqu'à mon dernier jour,
L'arbitre de ma vie,
Pauvres humains,
A son pouvoir divin
Nous voudrions en vain,
Dérober nos destins.

Est-il plaisir plus doux,
Lorsque femme charmante
Nous donne rendez-vous ?
Loin de tous les regards jaloux,
Lorsque sur vos genoux
Vous tenez une amante,
O sages, pourriez-vous
Ne pas répéter avec nous :
    Vive l'amour, etc.

Vois-je une femme,
Vite en mon âme
Un trait de flamme
Allume le désir ;
Mon sang bouillonne,
Je déraisonne
Et m'abandonne
Aux rêves du plaisir.

Sexe aimable,
Adorable,
Sois traitable
Et réponds à mes vœux.
Que ma belle,
Soit fidèle,
Car près d'elle
Je suis heureux.

 Vive l'amour, etc.

En dépit des Argus
Que vous avez de charmes ;
Baisers pris et rendus,
Demi-mots si bien entendus,
Petits soins assidus,
Si vous coûtez des larmes,
Triompher d'un refus
Est encore un plaisir de plus.

 Vive l'amour, etc.

Dieu, quelle ivresse !
Quand ma maîtresse
Avec tendresse,
Me presse sur son cœur,
Dans son délire,
Elle soupire,
Et semble dire :
Ah ! volons au bonheur.
 Expirantes
 Et brûlantes
Nos âmes, en ces momens heureux,
 Se répondent,
 Se confondent
Et volent ensemble dans les cieux.
 Vive l'amour,
Qu'il soit en ce séjour,
Jusqu'à mon dernier jour ;
L'arbitre de ma vie.

Pauvres humains,
A son pourvoir divin,
Nous voudrions en vain
Dérober nos destins.

Achille FOSSET, de Dijon.

LE DIABLE ROI.

Air : *Du bon Dieu de Béranger.*

Sans profit, honteux d'être roi,
Satan veut avoir un octroi ;
Il vient de faire une barrière
Près de l'infernale tanière,
Et dit aux mortels réprouvés :
Conformez-vous à mon droit de passage ;

Donnez un écu pour mes frais de chauffage,
Donnez pour mes frais de chauffage.

Chers camarades, je prétends
Ne plus régner à mes dépends ;
Sur terre, un souverain moderne
A moins bon marché vous gouverne :
Vous savez porter le licou,
Avancez, en tendant le cou.
Sans murmurer, payez votre attelage.

Donnez, etc.

Consentez donc à m'enrichir,
Je jure de vous affranchir ;
Comptez sur mes larges promesses,
Je vous ferai dire des messes ;
Aussi je maintiens le projet
Qui doit augmenter mon budget.
De mes enfans j'amasse l'héritage.

Donnez, etc.

Nous pouvions long-temps être amis,
Tenant ce que j'avais promis ;
Mais jusqu'aux bords de l'onde noire,
Vous ne chérissez que la gloire ;
Au lieu d'argent vous me donnez
De l'eau bénite par le nez.
A vous griller, je mets tout mon courage.

Donnez, etc.

Esclaves, dans l'éternité,
N'invoquez pas la liberté ;
Thémis m'a vendu sa balance.
Espérez tout de ma clémence,
Sans vous condamner à mourir,
Pour toujours vous allez souffrir,
Je vous bâtis une plus grande cage ;

Donnez un écu pour mes frais de chauffage.
Donnez pour mes frais de chauffage.

EDOUARD DUCAS.

L'AVEZ-VOUS VU ?

CHANSON.

Air : *Du petit Matelot.*

Je cherche, à Paris, pour ma fille,
Un jeune et fidèle mari ;
Je veux en lui que l'esprit brille,
Et que son argent brille aussi.
Vif en amour, joyeux à table,
A la mode, et plein de vertu,
Toujours gai, toujours raisonnable :
Un tel mari, l'avez-vous vu ?

Mon fils n'est pas plus difficile,
Pour sa femme il veut seulement:
Une beauté riche et docile,
Qui le chérisse uniquement ;
Qu'à ses talens tout rende hommage,
Sans que son cœur en soit ému ;
Qu'elle n'aime que son ménage :
Un tel phénix, l'avez-vous vu ?

Mon fils veut un valet fidèle,
Qui veille à tous ses intérêts,
Qui soit prêt sitôt qu'on l'appelle,
Et n'aille point aux cabarets ;
Que sa probité soit bien sûre,
Que jamais il n'ait rien perdu,
Qu'il ne mente point ni ne jure :
Un tel valet, l'avez-vous vu ?

Ma fille veut quelques amies
Dont le nom seul lui fasse honneur ;
Point jalouses, point étourdies,
Et toujours d'une égale humeur ;

Que de leur cercle aimable et sage,
Où tout méchant soit mal venu,
On bannisse le commérage :
Un tel cercle, l'avez-vous vu ?

Mon fils craint la mélancolie ;
Il cherche des amis joyeux,
Dans les plaisirs passant leur vie,
Et constamment unis entre eux,
Érigeant gaîment dans la ville
Un temple à Bacchus, à Momus :
Pour ces amis, au Vaudeville
Chacun prétend qu'il les a vus.

Comte de Ségur.

MARCHE PARISIENNE.

Chant national.

Peuple français, peuple de braves,
La liberté rouvre ses bras.
On nous disait : Soyez esclaves !
Nous avons dit : Soyons soldats !
Soudain Paris, dans sa mémoire,
A retrouvé son cri de gloire !
    En avant, marchons
    Contre leurs canons,
A travers le fer, le feu des bataillons
    Courons à la victoire.   (*bis.*)

Serrez vos rangs, qu'on se soutienne ;
Marchons ! Chaque enfant de Paris,
De sa cartouche citoyenne
Fait une offrande à son pays.
O jour d'éternelle mémoire !
Paris n'a plus qu'un cri de gloire :
    En avant, etc.

La mitraille en vain nous dévore,
Elle enfante des combattans,
Sous les boulets, voyez éclore
Ces vieux généraux de vingt ans,
O jour d'éternelle mémoire !
Paris n'a plus qu'un cri de gloire :
　En avant, etc.

Pour briser leurs masses profondes,
Qui conduit nos drapeaux sanglans ?
C'est la liberté des deux mondes ;
C'est Lafayette à cheveux blancs.
O jour d'éternelle mémoire !
Paris n'a plus qu'un cri de gloire :
　En avant, etc.

Les trois couleurs sont revenues,
Et la colonne, avec fierté,
Fait briller à travers les nues
L'arc-en-ciel de la liberté.
O jour d'éternelle mémoire !
Paris n'a plus qu'un cri de gloire :
　En avant, etc.

Soldats du drapeau tricolore,
D'Orléans, toi qui l'as porté,
Ton sang se mêlerait encore
A celui qu'il nous a coûté ;
Comme au beau jour de notre histoire,
Tu rediras ce cri de gloire :
　En avant, etc.

Tambours, du convoi de nos frères,
Roulez le funèbre signal ;
Et nous, de lauriers populaires,
Chargeons leur cercueil triomphal.
O temps de deuil et de gloire !
Panthéon, reçois leur mémoire !

Portons-les, marchons,
Découvrons nos fronts;
Soyez immortels, vous tous que nous pleurons,
Martyrs de la victoire: (*bis*.)

Casimir DELAVIGNE.

GRANDES VÉRITÉS.

Air : *Aussitôt que la lumière*.

Oh ! le bon siècle, mes frères,
Que le siècle où nous vivons !
On ne craint plus les carrières
Pour quelques opinions.
Plus libre que Philoxène,
Je déchire le rideau :
Coulez, mes vers, de ma veine;
Peuples, voici du nouveau.

La chandelle nous éclaire,
Le grand froid nous engourdit,
L'eau fraîche nous désaltère,
On dort bien dans un bon lit.
On fait vendange en septembre,
En juin viennent les chaleurs,
Et quand je suis dans ma chambre,
Je ne suis jamais ailleurs.

Rien n'est plus froid que la glace;
Pour saler il faut du sel.
Tout fuit, tout s'use et tout passe;
Dieu lui seul est éternel.
Le Danube n'est pas l'Oise,
Le soir n'est pas le matin,
Et le chemin de Pontoise
N'est pas celui de Pantin.

Le plus sot n'est qu'une bête ;
Le plus sage est le moins fou ;
Les pieds sont loin de la tête,
La tête est bien près du cou.
Quand on boit trop, on s'enivre ;
La sauce fait le poisson ;
Un pain d'une demi-livre
Pèse plus d'un quarteron.

Romulus a fondé Rome.
On se mouille quand il pleut.
Caton fut un honnête homme.
Ne s'enrichit pas qui veut.
Je n'aime point la moutarde
Que l'on sert après dîné.
Parlez-moi d'une camarde
Pour avoir un petit né.

Quand un malade à la fièvre,
Il ne se porte pas bien.
Qui veut courir plus d'un lièvre,
A coup sûr n'attrape rien.
Soufflez sur votre potage,
Bientôt il refroidira.
Enfermez votre fromage,
Ou le chat le mangera.

Les chemises ont des manches.
Tout coquin n'est pas pendu.
Tout le monde court aux branches
Lorsque l'arbre est abattu.
Qui croit tout est trop crédule.
En mesure il faut danser.
Une écrevisse recule
Toujours au lieu d'avancer.

Point de mets que l'on ne mange,
Mais il faut du pain avec,
Et des perdrix sans orange
Valent mieux qu'un hareng sec.

Une tonne de vinaigre
Ne prend pas un moucheron.
A vouloir blanchir un nègre
Le barbier perd son savon.

On ne se fait pas la barbe
Avec un manche à balais.
Plantez-moi de la rhubarbe,
Vous n'aurez pas des navets.
C'était le cheval de Troye
Qui ne buvait pas de vin ;
Et les ânes qu'on emploie
Ne sont pas tous au moulin.

J'ai vu des cailloux de pierre,
Des arbres dans les forêts,
Des poissons dans la rivière,
Des grenouilles au marais ;
J'ai vu le lièvre imbécile
Craignant le vent qui soufflait ;
Et la girouette mobile
Tournant au vent qui tournait.

Le bon sens vaut tous les livres.
La sagesse est un trésor.
Trente francs font trente livres.
Du papier n'est pas de l'or.
Par maint babillard qui beugle
Le sourd n'est point étourdi.
Il n'est rien tel qu'un aveugle
Pour n'y voir goutte à midi.

Ne nous faites pas un crime
De ces couplets sans façon ;
On y trouve de la rime
Au défaut de la raison.
Dans ce siècle de lumières,
De talens et de vertus,
Heureux qui ne parle guères,
Et qui n'en pense pas plus.

LA ROBERT-MACAIRE.

Air : *De la Saint-Simonienne.*

Parisien, gai prolétaire,
Grisette aux frais oripeaux,
Dansez la Robert-Macaire
Au nez des municipaux.

Née au sein d'une fête,
De la débauche et des plaisirs,
Elle porte à la tête
De ceux qu'ont éteints les désirs.
  Parisien, etc.

Jadis mainte duchesse
Aux Porcherons fit son début ;
Et plus d'une comtesse
Y venait danser le chahut.
  Parisien, etc.

Les rois, à des orgies
Qu'animaient des minois charmans,
La dansaient aux bougies
Dans les petits appartemens.
  Parisien, etc.

Voyez cette Pierrette
Pour Pierrot déployer son jeu :
Que la vive fillette
En amour s'exprime avec feu !
  Parisien, etc.

Mais le danseur s'anime ;
A genoux, la main sur le cœur,
Il offre en pantomime,
Et son amour et.... du bonheur.
  Parisien, etc.

La liberté déçue,
Eveillée au bruit du grelot ;
Reine un jour dans la rue,
Ne se montre plus qu'au galop.

Parisien; etc.

La cour et la Courtille
Par elle se donnent la main ;
On la danse en famille,
Et même au faubourg Saint-Germain.

Parisien, etc.

C'est en vain qu'on en glose ;
Trénis et poule et cœtera,
Pastourelles à l'eau rose ;
La Robert vous éclipsera.

Parisien gai prolétaire.
Grisette aux frais oripeaux,
Dansez la Robert-Macaire
Au nez des municipaux.

C. BROSSIER.

CHANSON DE ROLAND.

Air : *Soldats français, chantons Roland.*

Où vont tous ces preux chevaliers,
L'orgueil et l'espoir de la France ?
C'est pour défendre nos foyers
Que leur main a repris la lance ;
Mais le plus brave, le plus fort,
C'est Roland, ce foudre de guerre,
S'il combat, la faux de la mort
Suit les coups de son cimeterre.

Soldats français, chantons Roland,
L'honneur de la chevalerie,
Et répétons en combattant
Ces mots sacrés : Gloire et Patrie !

Déjà mille escadrons épars
Couvrent le pied de ces montagnes ;
Je vois leurs nombreux étendards
Briller sur les vertes campagnes.
Français, là sont vos ennemis :
Que pour eux seuls soient les alarmes ;
Qu'ils tremblent, tous seront punis !...
Roland a demandé ses armes !
    Soldats français, etc.

L'honneur est d'imiter Roland,
L'honneur est près de sa bannière :
Suivez son panache éclatant,
Qui vous guide dans la carrière.
Marchez, partagez son destin :
Des ennemis que fait le nombre ?
Roland combat ; ce mur d'airain
Va disparaître comme une ombre.
    Soldats français, etc.

Combien sont-ils ? combien sont-ils ?
C'est le cri du soldat sans gloire ;
Le héros cherche les périls ;
Sans les périls qu'est la victoire ?
Ayons tous, ô braves amis,
De Roland l'âme noble et fière.
Il ne comptait ses ennemis
Qu'étendus morts sur la poussière.
  Soldats français, etc.

Mais j'entends le bruit de son cor
Qui résonne au loin dans la plaine....
Et quoi ! Roland combat encor !
Il combat !... Ô terreur soudaine !
J'ai vu tomber ce fier vainqueur ;
Le sang a baigné son armure ;
Mais, toujours fidèle à l'honneur,
Il dit en montrant sa blessure :

Soldats français !... chantez Roland,
Son destin est digne d'envie ;
Heureux qui peut en combattant
Vaincre et mourir pour sa patrie !

      Alex. Duval.

LES AMOURETTES.

Air connu.

Vivent les fillettes !
Mais pour un seul jour,
J'ai des amourettes
Et n'ai point d'amour.

Hier pour Céphise
Je quittai Doris ;
Aujourd'hui c'est Lise,
A demain Chloris.
  Vivent les fillettes, etc.

J'aime fort ma belle
Lorsqu'il m'en souvient;
Je lui suis fidèle
Quand son tour revient.
  Vivent les fillettes, etc.

On entre au bocage ;
Le plaisir vous suit.
On rentre au village...
Hé bien ! tout est dit.

Vivent les fillettes !
Mais pour un seul jour,
J'ai des amourettes
Et n'ai point d'amour.

BERQUIN.

CHANSON A MANGER.

Air : *Aussitôt que la lumière*.

Aussitôt que la lumière
Vient éclairer mon chevet,
Je commence ma carrière
Par visiter mon buffet.
A chaque mets que je touche
Je me crois l'égal des dieux,
Et ceux qu'épargne ma bouche
Sont dévorés par mes yeux.

Boire est un plaisir trop fade
Pour l'ami de la gaîté :
On boit quand on est malade,
On mange en bonne santé.
Quand mon délire m'entraîne
Je me peins la volupté
Assise la bouche pleine,
Sur les débris d'un pâté.

A quatre heures lorsque j'entre
Chez le traiteur du quartier,
Je veux toujours que mon ventre
Se présente le premier.
Un jour les mets qu'on m'apporte
Sauront si bien l'arrondir,
Qu'à moins d'élargir la porte
Je ne pourrai plus sortir.

Un cuisinier, quand je dîne,
Me semble un être divin,
Qui du fond de sa cuisine
Gouverne le genre humain.

Qu'ici-bas on le contemple.
Comme un ministre du ciel ;
Car sa cuisine est un temple
Dont les fourneaux sont l'autel.

Mais, sans plus de commentaires,
Amis, ne savons-nous pas
Que les noces de nos pères
Finirent par un repas ;
Qu'on vit une nuit profonde
Bientôt les envelopper,
Et que nous vîmmes au monde
A la suite d'un souper ?

Je veux que la mort me frappe
Au milieu d'un grand repas,
Qu'on m'enterre sous la nappe
Entre quatre larges plats :
Et que sur ma tombe on mette
Cette courte inscription :
« Ci-gît le premier poëte
« Mort d'une indigestion. »

DÉSAUGIERS.

L'OMBRE DE PÉLAGE,

OU LE CRI DE LIBERTÉ.

Air : *Contentons-nous d'une simple bouteille.*

La liberté, sur l'héroïque Espagne
A fait briller son immortel flambeau ;
Et sa clarté que la foudre accompagne,
Vient de Pélage éclairer le tombeau !
De ce grand roi, la cendre ranimée
Reprend un corps brillant de majesté ;
Il apparaît, et marche vers l'armée
Où retentit le cri de liberté.

A son aspect, des trompettes guerrières
On n'entend plus les accens belliqueux,
Les bataillons ont courbé leurs bannières,
Et le héros se place au milieu d'eux :
Soldats, dit-il, nobles fils de la gloire,
Brisez un joug trop long-temps supporté !
Le ciel, par moi, vous prédit la victoire
Si vous marchez au cri de liberté !

Vous souvient-il de ce temps d'esclavage,
Où le Croissant triomphait de la Croix ?
Où l'Africain régnait sur ce rivage,
Et par le fer osait dicter ses lois ?
Comme un torrent nous quittons nos montagnes,
Et le vainqueur s'enfuit épouvanté !
Pour délivrer à jamais nos campagnes
Il n'a fallu qu'un cri de liberté !

Si quelque jour, pour devenir vos maîtres,
D'autres vainqueurs s'avançaient vers ces bords,
Levez-vous tous ! et comme vos ancêtres
Soyez-unis, vous serez assez forts !

Rien ne pourra changer vos destinées ;
Et l'ennemi dans sa course arrêté,
Reculera devant les Pyrénées,
En répétant vos cris de liberté !

E. C.

LE PETIT BIEN DE LISE.

Air : *Philis demande son portrait.*

Du plus beau des petits endroits
    Lise est propriétaire ;
Son petit bien est à la fois
    Forêt, île et parterre.

On y voit buissons et gazons,
    Bois et mille autres choses ;
Même dans ces jolis buissons
    On voit fleurir des roses.

Sur les roses de ce réduit
    Phébus est sans puissance :
Mais l'astre argenté de la nuit
    Préside à leur naissance.

Lise sait l'instant non trompeur
    Qu'elles seront écloses,
Et reçoit toute sa fraîcheur
    De l'éclat de ces roses.

Elles ne tiennent rien de l'art,
    Mais tout de la nature ;
Elles brillent loin du regard
    Et naissent sans culture.

Lise, dont l'esprit est prudent,
　Et qui n'est point pressée,
Attend, pour arroser le champ,
　Que la fleur soit passée.

C'est ainsi que Lise entretient
　Cette île fortunée,
Où le temps des roses revient
　Douze fois dans l'année.

Mais, n'en déplaise cependant
　A leur source divine,
Ces roses-là, pour un amant,
　Ne sont pas sans épine.

Conserve ce bien précieux,
　Ce charmant héritage,
Lise; ce sont les petits lieux
　Qu'on aime davantage.

Dès long-temps, je te l'ai prédit,
　Tel est l'ordre des choses,
Si ton domaine s'arrondit,
　Hélas! adieu les roses.

LALLEMAN.

L'AMANT SERIN.

Air : *De mon berger volage.*

Serin je voudrais être,
Pour fêter dans mes chants,
Les beaux jours que font naître
Thémir et le printemps ;
Pour la suivre au bocage,
Voler sur son chemin,
Ou de peur de la cage
Me sauver dans son sein.

Là, je lui sais deux roses
Que j'irais becqueter :
Pour ses lèvres mi-closes,
Il faudrait les quitter.
Ne sachant auprès d'elle
Où fixer mon désir,
Chaque vol infidèle
Me vaudrait un plaisir.

Dans ces doux exercices
Je passerais le temps,
Entouré de délices,
Sans prévoir les tourmens ;
Puis le soir avec l'ombre
J'irais, ivre d'amour,
Conter à la nuit sombre
Tous les plaisirs du jour.

DORAT.

L'INFLUENCE DU MOIS DE MAI.

Air : *Ah! que les cocus sont heureux !*

Ma mère avait raison, c'est vrai,
Gnia rien qu'échauff' comm' le mois d'mai.

J'ai seize ans, depuis l'mois d'décembre,
Et toute seule dans ma chambre
J'étais tranquille au mois d'janvier,
Aussi paisible en février ;
Mars, avril (*bis*.) m'ont vu calme et sage ;
 Mais j'ai r'vu l'feuillage...
Alors, je m'suis dit : C'est bien vrai,
Gnia rien qu'échauff' comm' le mois d'mai.

 Lise, vois donc cette verdure,
Comm' ça vous porte à la nature ;
Vois donc tous ces petits oiseaux,
Se becqu'ter comm' des tourtereaux.
C'est Lucas (*bis*.) qui m'tenait c'langage,
 Le front tout en nage !...
Je r'gard' partout et j'dis : C'est vrai,
Gnia rien qu'échauff' comm' le mois d'mai.

 C'jour là, Lucas était superbe,
Il se r'dressait comme une gerbe ;
J'étais assise sur l'gazon,
Y s'plaça près d'moi sans façon,
M'embrassa (*bis*.) si fort qu'ma coll'rette
 Tomba sur l'herbette ;
J'la laiss' tomber et j'dis : C'est vrai,
Gnia rien qu'échauff' comm' le mois d'mai,

Y m'disait : « C'est toi seule que j'aime,
« Ton sein est blanc comm' de la crème. »
Pois il m'app'lait son p'tit trésor
Et m'embrassait encor, encor,
Tant de fois *(bis.)* qu' c'était une rage.
  J'voulais fair' tapage.
Mais y m'dit : Chut !.... Tu vois qu' c'est vrai,
Gnia rien qu'échauff' comm' le mois d'mai.

 Tandis qu'il regardait la lune,
J' m'écri', tu vois que v'là la brune,
Faut ben vit' quitter le gazon,
Et s'en r'tourner à la maison ;
Mais mon Dieu *(bis.)* qu'dira ma mère,
  Je crains sa colère,
Ell' s'ra tout' roug' ; car, c'est bien vrai,
Gnia rien qu'échauff' comm' le mois d'mai.

 Ma mère, je l'avais d'viné sans peine,
M' met en pénitenc' tout' la s'maine ;
A la longue ell' cess' de m' punir ;
Mais j'vois ma jupe s' raccourcir.
Oh ! là ! là ! *(bis.)* voyez cette bêtise ;
  Quéqu' faudra que j' dise ?...
Je n' peux pas toujours dir' : C'est vrai,
Gnia rien qu'échauff' comm' le mois d'mai.

 Au bout d' neuf mois une petit' fille
Vient augmenter notre famille ;
Y faut ben croire qu'à son tour
Ell' écout'ra c' fripon d'amour.
Quand viendra *(bis.)* c' moment qu'on désire
  Sitôt qu'on soupire
Comm' sa mère ell' dira : C'est vrai,
Gnia rien qu'échauff' comm' le mois d' mai.

      Lepeintre jeune.

LE TAMBOUR.

Air : *Tais donc ton bec.*

C'est le tambour, (*bis.*)
Amis, quel refrain l'on me donne !
  C'est le tambour (*bis.*)
Qu'il me faut chanter en ce jour.
Ici ne dormira personne,
Mon sujet assez haut résonne ;
  C'est le tambour. (4 *fois.*)

  C'est le tambour (*bis.*)
Des bords du Nil aux bords du Tage,
  C'est le tambour (*bis.*)
Qui nous conduisait tour à tour.
Qui vient enflammer le courage ?
Qui nous guide au champ du carnage ?
  C'est le tambour. (4 *fois.*)

  C'est le tambour (*bis*)
Qui préludait à la victoire,
  C'est le tambour (*bis.*)
Qui nous annonçait son retour,
Et qui conduisit à la gloire
Tant de preux cités dans l'histoire ?
  C'est le tambour. (4 *fois.*)

  C'est le tambour (*bis.*)
L'organe de chaque village,
  C'est le tambour (*bis.*)
La gazette de ce séjour.
Qui par son belliqueux tapage
Du conscrit charme le tirage ?
  C'est le tambour. (4 *fois.*)

C'est le tambour *(bis.)*
Qui fait sauter le funambule ;
C'est le tambour *(bis.)*
Qui l'accompagne à chaque tour.
Et qui fait au badaud crédule
Avaler gaîment la pilule ?
C'est le tambour. (4 *fois.*)

C'est le tambour *(bis.)*
Pour charmer plus d'une fillette,
C'est le tambour *(bis.)*
Qui fait parfois le troubadour ;
Lorsqu'il a séduit la pauvrette,
Qui vous la mène à la baguette ?
C'est le tambour. (4 *fois.*)

JEST.

LE GASCON.

Air : *J' nai pas l' sou.*

J' suis gascon; (*bis.*)
Dé mentir j'ai lé renom,
J' suis gascon (*bis.*)
Et j'ris du qu'en dira-t-on.

Si bous boyez mon pays
Il est plus veau qué Paris,
Lé louvre et lé Panthéon
Né balent pas ma maison.
   J' suis, etc.

Maître académicien,
Lafougère né m'est rien;
A l'épée à l'espadon
Jé mé vats comme un démon.
   J' suis, etc.

Quand à des propriétés,
J'en ài dé tous lés côtés;
Né croyez pas qué jé ris,
Jé puis achéter Paris.
   J' suis, etc.

Pour la force, dieu merci
Jé né bois personne ici,
Fait pour mé damer lé pion,
Jé suis plus fort qué *Samson*.
   J' suis, etc.

Perrot né m'égale pas
Dans ses plus grands entréchats.
En dansant lé pas dé six
J'ai même passé Bestris.
 J' suis, etc.

Pour la musique surtout,
Il faut admirer mon goût;
Jé surpasse Rossini,
Boïeldieu, Paganini.
 J' suis, etc.

Jé suis si joli garçon,
Jé bous lé dis sans façon,
Qué si jé beux, à Paris,
Jé ferai tous les maris....
 J' suis, etc.

Il n'est pas une veauté
Qui dé sa birginité
Né bienne m'offrir lé don.
Jé n'en beux pas, pour raison.
 J' suis, etc.

A moi, messieurs, lé pompon
Pour vien faire uné chanson,
Votre fameux Béranger
Né saurait mé corriger.
 J' suis gascon, (*bis.*)
Dé mentir j'ai lé renom.
 J' suis gascon, (*bis*)
Et j'ris du qu'en dira-t-on.

GUILHEM.

LE DÉSORDRE.

Air : *de Marianne.*

Partisans de la paix publique,
J'admire votre dévoûment ;
Mais quelle ennuyeuse tactique
Vous retient cloués constamment ?
    Vous déjeunez ;
    Et vous dînez,
Puis au repos vous vous abandonnez ;
    Votre agrément,
    Incessamment,
Est de fêter les plaisirs lentement ;
Vous ne voulez pas en démordre ;
Vous aimez la tranquillité ;
Ami de la variété,
Moi, j'aime le désordre.

Souvent, dans un banquet bachique,
Je rencontre des fous peureux,
Qui, crainte d'avoir la colique,
Touchent à peine un plat ou deux :
    Que je les plains !
    Dans nos festins,
Mangeant de tout, je bois de tous les vins.
    Poulets, perdreaux,
    Mâcon, Bordeaux
A mon gosier ont tous des droits égaux ;
Si je suis forcé de me tordre,
Quand ce mélange m'est fatal,
Champagne ou punch, tout m'est égal ;
Moi, j'aime le désordre.

Que d'autres, près d'une maîtresse,
Par le sentiment inspirés,
Admirent ses atours, sans cesse,
A quatre épingles bien tirés.
    Dans mes amours,
    Je sais toujours,
De mes soupirs, accélérer le cours.
    Près des tendrons,
    Bien frais, bien ronds,
Je fais sauter agrafes et boutons :
Grisette dût-elle me mordre,
Je lui dis : Va, je verrai tout.
En un instant j'en viens à bout.
Moi, j'aime le désordre.

Bientôt un lustre sur ma tête
Aura passé, depuis qu'aux rois,
La France, en ses trois jours de fête,
Apprit à respecter les lois.
    Soleil si doux,
    O! rends-les nous,
Ces jours de gloire où nous nous aimions tous!
    Que les bras nus,
    Si bien connus,
En se montrant à tous les parvenus,
Disent : Voilà notre mot d'ordre ;
Guerre à tout parjure nouveau!
Quand il est si grand et si beau,
Moi, j'aime le désordre.

On admire l'ordre et la pompe
Qui président à maint convoi ;
Cependant, si je ne me trompe,
Cela cause un certain émoi.
    Si je mourais,
    Moi, je voudrais
Un char brillant, chevaux, riches harnais,
    Puis des pleureurs,
    De gais buveurs,

Des chansonniers, des bacchantes, des fleurs !
Et, si je n'en donne contre-ordre,
Lorsque vous conduirez mon deuil,
Jetez au diable mon cercueil;
Moi, j'aime le désordre.

Ph. VIONET.

LE LEGS DU CHANSONNIER.

Air : *Du Carnaval* (de Béranger.)

Chers coupletiers, mes amis, mes confrères,
Je vois faiblir vos lyriques travaux :
Ah ! n'avez-vous, pauvres surnuméraires,
Plus faim de *bis* et plus soif de *bravos* ?..
Nos devanciers, pour marquer leur passage,
Nous ont transmis leurs couplets, leurs *tensors*
Laisserons-nous périmer l'héritage ?..
A nos neveux léguons quelques chansons.

Si nous n'avons pour sustenter Pégase,
Ni mets truffés, ni Champagne écumeux :
En nous lestant de pain noir et d'extase,
Nous possédons le secret d'être heureux;
Au néophyte... à nos futurs adeptes,
Pour démontrer l'art que nous professons,
En gais refrains formulons nos préceptes...
A nos neveux léguons quelques chansons.

Joyeux soldats, prenons l'arc et la flèche,
Guerre à l'intrus ! guerre au mangeur oisif !
Dans leurs palais battant les sots en brèche,
Aiguillonnons le palefroi rétif.

Sur l'impudent, pointons nos hexamètres,
Frappons du pied les rampans limaçons ;
A défaut d'or et de portraits d'ancêtres,
A nos neveux léguons quelques chansons.

   Lorsque les rois, payant des biographes,
Se font orner du surnom de Titus,
Le pauvre attend des historiographes
Pour esquisser ses nombreuses vertus ;
Nous, chantres-nés de la modeste gloire,
Donnons au peuple et conseils et leçons ;
En pot-pourris crayonnons son histoire ;
A nos neveux léguons quelques chansons.

   Je le prévois, l'avenir fera naître
Plus d'un Tacite, élevé dans les cours,
Qui, pour flatter l'orgueil d'un royal maître,
Mutilera les récits des trois jours ;
Nous qui n'avons, pour aider la mémoire,
Ni parchemins, ni titres, ni blasons,
Pour attester les combats, la victoire,
A nos neveux léguons quelques chansons.

   Concitoyens, le siècle nous contemple,
Donnons un gîte aux saintes libertés ;
Apportons, tous, quelques pierres au temple,
Dont nos enfans un jour seront dotés ;
Du monument, en traçant la notice,
Rendons hommage aux illustres maçons
Qui de leur sang ont scellé l'édifice...
A nos neveux léguons quelques chansons.

   Nos Pharaons, de renommée avides,
Pour échapper aux attaques du temps,
Font équarrir le marbre en pyramides
Par des milliers d'esclaves habitans;

Nous, matelots d'une mer sans rivage,
Près de l'abîme où nous disparaissons,
Jetons à flot notre léger bagage...
A nos neveux léguons quelques chansons.

L. ESTEAU.

LE PAYS CLASSIQUE

NAPLES, NOVEMBRE 1830.

Air : *Dans un castel, dame du haut parage.*

Quand loin de vous, sur la plage romaine,
J'émigre, un jour notre joyeux festin,
Mon cœur, amis, près de vous me ramène,
Et ma chanson gravira l'Apennin.
Comme un printemps, l'hiver ici commence,
Le ciel est pur, et pourtant je me dis :
Ah ! rendez-moi mon beau soleil de France,
La liberté, mes dieux et mes amis.

J'ai vu Venise, opulence amphibie ;
Riche d'orgueil et fertile en bourreaux,
Parée encor des marbres de Lybie,
Mais dès long-temps veuve de ses héros.
L'aigle aux deux fronts plane avec impudence
Sur l'étendard à Lépante conquis :
Ah ! rendez-moi mon beau soleil de France,
La liberté, mes dieux et mes amis !

D'Herculanum j'ai fouillé la poussière ;
De Pompéi j'ai sondé les tombeaux ;
L'antiquité m'apparut tout entière
Plus belle encor sous ces débris si beau !

Mais dans le cirque où se montrait Térence,
Dans le forum où s'asseyait Thémis,
Je regrettais mon beau soleil de France,
La liberté, mes dieux et mes amis!

De Parthénope où sont les mœurs antiques?
Sur les autels fume un cierge béni;
Des capucins sont les dieux domestiques,
Comus tombé fait du macaroni.
Un roi mourant, despote sans puissance,
Règne en mouchard sur ce peuple soumis.
Ah! rendez-moi mon beau soleil de France,
La liberté, mes dieux et mes amis!

Rome n'est plus! cette reine du monde,
De chute en chute, arrive à son déclin;
De gens tondus une phalange immonde
Prie et mendie au mont Janiculin.
Chez Lucullus on prêche l'abstinence,
Chez Cicéron sont les droits réunis.
Ah! rendez-moi mon beau soleil de France,
La liberté, mes dieux et mes amis!

Gênes si belle et si forte naguère,
De sa grandeur n'a plus que ses palais;
Esclave en paix, et redoutant la guerre,
Au bon plaisir des tyrans piémontais.
J'y vois régner, sans gloire et sans clémence,
De Doria les fils abâtardis.
Ah! rendez-moi mon beau soleil de France,
La liberté, mes dieux et mes amis!

Courant ainsi par Mantoue et Vérone,
Cherchant toujours quelques fils des Romains,
Je vois partout le deuil qui m'environne,
Et des canons et des sbires germains!

Un duc tremblant laisse éteindre à Florence,
Le nom chéri des premiers Médicis !
Ah ! rendez moi mon beau soleil de France,
La liberté, mes dieux et mes amis ?

Emile Vanorr Burch.

LES SOULIERS DE JEAN-JEAN.

Air : *D'Angéline.*

D' souliers j'avais un' pair' nouvelle
Qui me venait des fournisseurs ;
Que j' cirais avec d' la chandelle,
Ce qui captivait tous les cœurs !
Mais voilà qu' pendant un orage
J' tombis d' mon long dans un ruisseau
Où j'eus de l'eau jusqu'au visage..
    Oh ! cré coquin ! Pacot,   } *bis.*
Je crois que mes souliers prend l'eau.

Cré coquin ! comment vais-je faire ?
Et ma Françoise qui m'attend !
Et sa bourgeois' qu'est si sévère,
Quand on salit l'appartement !
Il faudra lui faire un mensonge,
Et dir' que pour lustrer l' carreau,
Ma Françoise a pris une éponge...
    Oh ! cré coquin ! Pacot,
Je crois que mes souliers prend l'eau !

Faudra dir', la chose est plus sûre,
Que pour amuser les enfans,
Je leur z'ai prêté ma chaussure,
Et qu'ils ont fait... pipi dedans ;

Puis faudra dire à ma maîtresse,
Qu' pour ell', mon amour est si chaud
Que j' transpir' comm' ça de tendresse :
   Oh ! cré coquin ! Pacot,
Je crois que mes souliers prend l'eau !

Je sors enfin de chez Françoise,
Les pieds mouillés jusques aux bras,
Ben que loin de me chercher noise
Ell' m'a desséché dans ses draps ;
Puis comme un' emblém' dans mes poches
Ell' m'a r'passé un p'tit cadeau ,
De sa maîtress' c'est les galoches !...
   Oh ! cré coquin ! Pacot,
J' crains plus que mes souliers prend l'eau !

E. CHAMPEAUX.

LE SUISSE DE PAROISSE.

Air : *Commissaire.*

Che souis souisse,   (*bis.*)
Aux cent souisses ch' en ratisse;
Che souis souisse,   (*bis.*)
Dans le saint lieu
Du pon Tieu!

Depuis vingt ans, c'est choli,
Che porte la hallebarde,
Tout' la paroisse me r'garde,
Car che souis troit comme un i.
Si l'on m' donnait mon retraite
Che serais pien déssolé,
Car j'ai fourré dans mon tête ;
De foir l'autre joupilé.

   Che souis souisse, etc.

Quand fient le temps de l'afent,
D' la Pâque ou d' la Pentecôte,
Je mets paudrier, culotte,
Pas de soie, queue-en afant ;
Je fais planchir mon affaire,
Par la femme du peteau,
J'en souis quitte pour loui faire
Tous l's'ans un' betit' cateau.

   Che souis souisse, etc.

Che sais que notre curé,
Pien vu des ames fidèles,
A sourbits, chapes, dentelles,
Cipoire en argent toré.

Aussi, sans loui faire insulte,
Che pouis dire, c'est certain,
Qu'avec les frais de son culte,
Il entretient son putin.
    Che souis souisse, etc.

Not' curé, des plus reblets,
A cheuner s'amuse guère,
Il poit pon vin, ponne pierre,
Il mang' chapons et boulets,
Tandis que dans sa détresse,
Un bauvr' prêtre, pour pien tîner,
Deux fois l' jour, doit dir' la messe,
Nous appelons ça : biner.
    Che souis souisse, etc.

Pien souvent nos cheunes clercs
Font tout's sortes d' chos's aux filles,
Et les troufent fort gentilles
Dans des entroits pas trop clairs.
Les enfans d' chœur et les chantres,
Qui sont aussi d' frais lurons,
Se font des boss's à leurs fentres,
Avec les restans des trons.
    Che souis souisse, etc.

Comm' je travaill' pour le ciel,
On m' appell' soldat tu pape ;
Ça n'm'empêch' pas d' mettr' la nappe,
Che trouv' mon vie à l'autel ;
Mais c'pendant, dans mon service,
Si che n'voyais pas beau jeu,
J' dirais : pas d'argent pas d'souisse ;
u diabl' ch'enverrais l'pon Tieu.

    Che souis souisse, (*bis*)
Aux cent souisses, ch' en ratisse ;
    Che souis souisse (*bis.*)
    Dans le saint-lieu
    Du pon Tieu !
        ALPHONSE.

LE VOYAGE DE PRAGUE.

Air : *Du Curé de Pomponne.*

Légitimiste écervelé,
 A travers maint obstacle,
En Bohême je suis allé
 Voir l'enfant du miracle :
N'allait-il pas être endiablé
 Pour suivre ainsi la vague ?
   Ah ! il m'en souviendra,
   Lari ... ra,
   De mon voyage à Prague !

Plus fiers que ... dis Antaben,
 ... frontières
Nous avions ... bre-bau
Convoqué tout l'aur... ères.
 De nos gentils-homm... ... !
Dieu, qu'il était beau notre ...
 On s'élance, on divague.
Ah ! il m'en souviendra, etc.

...
Au jour dit, nous fûmes admis
 Devant l'auguste ...
Que l'inexorable Paris...
 Sous sa terrible ...
Ecrasa, comme un faible ...
 Qu'on coupe ou qu'on élague.
Ah ! il m'en souviendra, etc.

A l'héritier d'au moins vingt rois,
 Marmot coiffé d'un casque,
L'un présente un cheval... de bois ;
 L'autre un tambour... de basque,

Au nom de la ville de Blois,
  Moi j'apporte une bague.
 Ah! il m'en souviendra, etc.

Et comme, en nobles fanfarons
  Nous traversions l'Autriche,
Semant des proclamations
  Dont la France se... fiche,
L'empereur qui hait les Bourbons
  Nous fit donner la schlague.

 Ah! il m'en souviendra, etc,

Mais si jamais de revenir
  Ils avaient la pensée,
Perdant ainsi le souvenir
  De leur vieille fessée,
Au diable pour les soutenir
  Si j'empoigne une dague !

 Car il m'en souviendra,
  Larira,
 De mon voyage à Prague.

ALEXIS LECOUTURIER.

LE CARDINAL ET LE CHANSONNIER.

LA FORCE, 1829.

Air : *Je vais bientôt quitter l'empire.*

Quel beau mandement vous nous faites !
Prélat, il me comble d'honneur !
Vous lisez dans mes chansonnettes ?
Ah ! je vous y prends, Monseigneur. (*bis.*)
Entre deux vins, souvent ma Muse
Perdit son bandeau virginal.
Petit péché, si son ivresse amuse.
Qu'en dites-vous, monsieur le Cardinal ?

Ça, que vous semble de Lisette
Qui dicta mes chants les plus doux ?
Vous vous signez sous la barrette !
Lise a vieilli ; rassurez-vous.
Des jésuites elle rafolle ;
Et priant Dieu tant bien que mal,
Pour leurs enfans Lise tient une école.
Qu'en dites-vous, monsieur le Cardinal ?

A chaque vers patriotique,
Je vous vois me faire un procès.
Tout prélat se croit hérétique
Qui chez nous a le cœur français.
Sans y moissonner, moi, pauvre homme,
J'aime avant tout le sol natal.
J'y tiens autant que vous tenez à Rome.
Qu'en dites-vous, monsieur le Cardinal ?

Puisque vous fredonnez mes rimes,
Vous, grand lévite ultramontain,
N'y trouvez-vous pas des maximes
Dignes du bon Samaritain ?
D'huile et de baume les mains pleines,
Il eût rougi d'aigrir le mal.
Ah ! d'un captif il n'eût vu que les chaînes.
Qu'en dites-vous, monsieur le Cardinal ?

Enfin, avouez qu'en mon livre,
Dieu brille à travers ma gaîté.
Je crois qu'il nous regarde vivre ;
Qu'il a béni ma pauvreté.
Sous les verrous, sa voix m'inspire
Un appel à son tribunal.
Des grands du monde elle m'enseigne à rire.
Qu'en dites-vous, monsieur le Cardinal ?

Au fond vous avez l'âme bonne.
Pardonnez à l'homme de bien,
Monseigneur, pour qu'il vous pardonne
Votre mandement peu chrétien.
Mais au Conclave on met la nappe
Partez pour Rome à ce signal.
Le Saint-Esprit fasse de vous un pape !
Qu'en dites-vous, monsieur le Cardinal ?

BÉRANGER.

LES OUI ET LES NON,

CHANSON.

Air : *de la pipe de tabac.*

Il est deux mots fort en usage
En tous lieux, en toute saison ;
Ils tiennent lieu de tout langage ;
C'est le mot *oui*, c'est le mot *non.*
Mais avec trop peu de franchise
On s'en sert, dit-on, aujourd'hui ;
En les disant on les déguise ;
Oui devient *non*, *non* devient *oui.*

Lise veut se montrer rebelle
Au feu que son âme a senti,
Non sort de sa bouche cruelle,
Mais tout bas son cœur a dit *oui.*
C'est par un *oui* qu'hymen nous lie ;
Mais beaucoup de maris, dit-on,
Voudraient que la cérémonie
Recommençât, pour dire *non.*

En se vantant de sa richesse,
Sans se déranger, un Gascon,
A son créancier qui le presse,
Promet tout, *oui* : paiera-t-il ? *non.*
Le doux serment d'une maîtresse
D'aimer constamment son ami,
Du Gascon est-ce la promesse ?
L'Amour dit *non* ; le Temps dit *oui.*

Ici de tout ce qui se passe
A-t-on lieu d'être réjoui ?
L'intrigant, briguant une place,
Va répondre effrontement *oui*.
Hélas, trop souvent dans la vie,
Je vois qu'à cette question,
Oui, c'est le mot de la Folie ;
Non, c'est le mot de la Raison.

LE VIEUX CAPORAL.

1829.

Air: *Du Vilain, ou de Ninon chez madame de Sévigné.*

En avant ! partez, camarades,
L'arme au bras, le fusil chargé.
J'ai ma pipe et vos embrassades,
Venez me donner mon congé.
J'eus tort de vieillir au service.
Mais pour vous tous, jeunes soldats,
J'étais un père à l'exercice. (*bis.*)
  Conscrits, au pas.
  Ne pleurez pas.
  Ne pleurez pas.
  Marchez au pas.
Au pas, au pas, au pas, au pas

Un morveux d'officier m'outrage ;
Je lui fends !... il vient d'en guérir.
On me condamne, c'est l'usage :
Le vieux caporal doit mourir.

Poussé d'humeur et de rogomme,
Rien n'a pu retenir mon bras.
Puis, moi, j'ai servi le grand homme.
  Conscrits, au pas.
  Ne pleurez pas.
  Ne pleurez pas.
  Marchez au pas.
Au pas, au pas, au pas, au pas !

Conscrits, vous ne troquerez guères
Bras ou jambe contre une croix.
J'ai gagné la mienne à ces guerres
Où nous bousculions tous les rois.
Chacun de vous payait à boire
Quand je racontais nos combats.
Ce que c'est pourtant que la gloire !
  Conscrits, au pas.
  Ne pleurez pas.
  Ne pleurez pas.
  Marchez au pas.
Au pas, au pas, au pas, au pas !

Robert, enfant de mon village,
Retourne garder les moutons.
Tiens, de ces jardins vois l'ombrage,
Avril fleurit mieux nos cantons.
Dans nos bois, souvent dès l'aurore
J'ai déniché de frais appas.
Bon dieu ! ma mère existe encore !
  Conscrits, au pas.
  Ne pleurez pas.
  Ne pleurez pas.
  Marchez au pas.
Au pas, au pas, au pas, au pas !

Qui là-bas sanglote et regarde ?
Eh ! c'est la veuve du tambour.
En Russie, à l'arrière-garde,
J'ai porté son fils nuit et jour.

Comme le père, enfant et femme,
Sans moi restaient sous les frimas.
Elle va prier pour mon âme.
  Conscrits, au pas.
  Ne pleurez pas.
  Ne pleurez pas.
  Marchez au pas.
Au pas, au pas, au pas, au pas !

Morbleu ! ma pipe s'est éteinte.
Non pas encore... Allons ! tant mieux !
Nous allons entrer dans l'enceinte ;
Çà, ne me bandez pas les yeux.
Mes amis, fâché de la peine.
Surtout ne tirez point trop bas.
Et qu'au pays Dieu vous ramène !
  Conscrits, au pas.
  Ne pleurez pas.
  Ne pleurez pas.
  Marchez au pas !
Au pas, au pas, au pas, au pas !

BERANGER.

LA GAZE;

CHANSON.

Air : La comédie est un miroir.

L'homme, dans son premier séjour,
Eut pour voile son innocence ;
Mais pour augmenter son amour,
La femme inventa la décence.
Craignant qu'il ne conservât pas
Pour ses charmes sa tendre extase ;
Elle couvrit ses doux appas
D'une feuille au défaut de gaze.

Souvent la beauté m'éblouit,
Mais c'est la pudeur qui m'attache :
Je fu's la belle qui me suit,
Je poursuis celle qui se cache.
Le voile est un joli secret ;
Moins on voit, et plus on s'embrase,
De Vénus le plus doux attrait
Etait sa ceinture de gaze.

Qu'ils éta'ent gênans, ces habits
Que jadis portaient nos grand'mères !
Grands paniers ! robes à grands plis !
Contre l'Amour que de barrières !
La mode aujourd'hui, par bonheur,
Prenant la liberté pour base,
Entre le plaisir et l'honneur
Ne laisse plus rien qu'une gaze.

Lorsque nous peignons le plaisir,
Voilons avec goût son image :
Un léger obstacle au désir
Fait qu'on désire davantage.
Sans vêtemens la Volupté
Bientôt nous dégoûte et nous blase ;
Pour faire aimer notre gaîté ;
Amis ! n'oublions point la gaze.

Comte de Ségur.

LES RELIQUES.

Air : Donnez-vous la peine d'attendre.

D'un saint de paroisse en crédit,
Seul un soir, je baisais la châsse,
Vient un bon vieillard qui me dit :
Veux-tu qu'il parle ? oh ! oui, de grâce.
Oui, dis-je ; et me voilà béant ;
Voilà qu'il fait des croix magiques ;
Voilà le saint sur son séant,
Qui dit, d'un ton de mécréant :
« Dévots, baisez donc mes reliques.
« Baisez, baisez donc mes reliques.

Il rit, ce squelette incivil,
Il rit à s'en tenir les côtes.
« Depuis huit siècles, poursuit-il,
« Je grille en enfer pour mes fautes ;
« Mais un prêtre au nez bourgeonné,
« Pour mieux dîner sur ses pratiques,
« Par un tour bien imaginé,
« Fit un saint des os d'un damné.
« Dévots, baisez donc mes reliques.
« Baisez, baisez donc mes reliques.

« De mon temps, je fus bateleur,
« Ribaud, filou, témoin à gage.
« Puis en grand m'étant fait voleur,
« J'eus d'un baron mœurs et langage.
« De leurs châsses, dans mes larcins,
« J'ai dépouillé des basiliques,
« Au feu, j'ai jeté de bons saints.
« Du ciel admirez les desseins.
« Dévots, baisez donc mes reliques.
« Baisez, baisez, donc mes reliques.

« Baisez, sous ce dais de velours;
« La sainte qu'on priera dimanche,
« C'est une Juive, mes amours,
« Dont l'œil fut noir et la peau blanche.
« Grâce à ses charmes éprouvés,
« Dix prélats sont morts hérétiques;
« Vingt moines sont morts énervés:
« Trouvez mieux si vous le pouvez.
« Dévots, baisez donc ses reliques.
« Baisez, baisez donc ses reliques.

« Près d'elle est un vieux crâne étroit:
« Baisez ce saint d'une autre espèce.
« Jadis de larron maladroit,
« Il devint bourreau plein d'adresse.
« Nos rois, pour se bien divertir,
« L'occupaient aux fêtes publiques.
« Hélas! je lui dois, sans mentir,
« L'honneur de passer pour martyr.
« Dévots, baisez donc ses reliques.
« Baisez, baisez donc ses reliques

« Sous les noms de pieux patrons,
« Ainsi nos corps, mis en spectacle,
« Font pleuvoir l'argent dans les troncs;
« C'est là notre plus grand miracle.
« Mais du diable j'entends le cor;
« Bonsoir, messieurs les catholiques. »

Il se recouche, et vole encor
Sur l'autel un crucifix d'or.
Dévots, baisez donc des reliques!
Baisez, baisez donc des reliques!

BÉRANGER.

LE COLIN-MAILLARD.

Air : *De la pipe de tabac.*

Contre les jeux en vain on crie,
Chacun au jeu met tôt ou tard;
L'un se bat, l'autre se marie;
Pour un voyage l'autre part :
Ambition, galanterie,
Tous ces jeux sont jeux de hasard :
Moi, le jeu dont j'ai la manie,
C'est le jeu de Colin-maillard.

Ce Colin-maillard a deux frères
Dont tout l'univers suit les lois;
Ils ont différens caractères,
Et sont aveugles tous les trois.
On les accuse de folie,
Nous en avons tous notre part;
Car tout homme, pendant sa vie,
Suit l'un de ces Colin-maillard.

Le Colin-maillard de l'enfance,
Toujours joyeux, court, danse et rit;
L'autre est le dieu de la finance;
Tristement il chiffre, il écrit;
Le troisième, jeune Sylvie,
Est l'Amour qui nous lance un dard :
C'est à vos yeux, je le parie,
Le plus joli Colin-maillard.

Il court toujours après les belles ;
Plus qu'un autre il vous poursuivra :
Comme cet aveugle a des ailes,
Quelque jour il vous atteindra.
Il perce alors avec furie
Un pauvre cœur de part en part,
Et l'on sent encor plus d'envie
De jouer au Colin-maillard.

COMTE DE SÉGUR.

L'OREILLER.

Air : *Du haut en bas.*

De l'oreiller
Je fais un grand cas, et pour cause ;
    Sur l'oreiller
J'aime beaucoup à sommeiller ;
J'aime mieux y faire autre chose,
Surtout quand je suis près de Rose,
    Sur l'oreiller.

    Sur l'oreiller,
On rêve, on désire, on projette ;
    A l'oreiller
Sans crainte on peut tout confier ;
Un jaloux pourtant s'inquiète
En voyant la forme indiscrète
    D'un oreiller.

    Sur l'oreiller
On jure une ardeur sans pareille,
    Que l'oreiller
Souvent après fait oublier.

Sur trop d'oreillers l'Amour veille,
Et l Hymen trop souvent sommeille
       Sur l'oreiller.

       Sur l'oreiller
La vertu dort comme l'enfance ;
       Sur l'oreiller
Nul remords ne vient l'éveiller.
Le crime y perd son insolence ;
Il est jaloux de l'innocence
       Sur l'oreiller.

                    Ségur aîné.

LA MUSETTE.

Air : *O ma tendre musette.*

O ma tendre musette,
Musette, mes amours !
Toi qui chantais Lisette,
Lisette et les beaux jours ;
D'une vaine espérance
Tu m'avais trop flatté ;
Chante son inconstance
Et ma fidélité.

C'est l'amour, c'est sa flamme
Qui brille dans ses yeux :
Je croyais que son âme
Brûlait des mêmes feux.
Lisette à son aurore
Respirait le plaisir :
Hélas ! si jeune encore,
Sait-on déjà trahir ?

Sa voix pour me séduire
Avait plus de douceur ;
Jusques à son sourire,
Tout en elle est trompeur :
Tout en elle intéresse,
Et je voudrais, hélas !
Qu'elle eût plus de tendresse
Ou qu'elle eût moins d'appas.

O ma tendre Musette,
Console ma douleur !
Parle-moi de Lisette,
Ce nom fait mon bonheur.
Je la revois plus belle,
Plus belle tous les jours !
Je me plains toujours d'elle,
Et je l'aime toujours.

LAHARPE.

SOUVENIRS DU PEUPLE.

Air : *Passez votre chemin, beau sire.*

On parlera de sa gloire
Sous le chaume bien long-temps.
L'humble toit dans cinquante ans,
Ne connaîtra plus d'autre histoire.
Là viendront les villageois,
Dire alors à quelque vieille :
Par des récits d'autrefois,
Mère, abrégez notre veille.
Bien, dit-on, qu'il nous ait nui,
Le peuple encor le révère,
   Oui, le révère.
Parlez-nous de lui grand'mère ;
   Parlez-nous de lui. (*bis.*)

Mes enfans, dans ce village,
Suivi de rois il passa.
Voilà bien long-temps de ça ;
Je venais d'entrer en ménage.
A pied grimpant le côteau
Où pour le voir je m'étais mise,
Il avait petit chapeau
Avec redingote grise.
Près de lui je me troublai,
Il me dit : Bonjour, ma chère,
   Bonjour, ma chère.
— Il vous a parlé, grand'mère ?
   Il vous a parlé !

L'an d'après, moi, pauvre femme,
A Paris étant un jour,
Je le vis avec sa cour :
Il se rendait à Notre-Dame.

Tous les cœurs étaient contens ;
On admirait son cortége.
Chacun disait : Quel beau temps !
Le ciel toujours le protége.
Son sourire était bien doux ,
D'un fils Dieu le rendait père,
　　Le rendait père.
　—Quel beau jour pour vous , grand'mère!
　　Quel beau jour pour vous !

　　Mais quand la pauvre Champagne
Fut en proie aux étrangers ,
Lui , bravant tous les dangers ,
Semblait seul tenir la campagne.
Un soir , tout comme aujourd'hui ,
J'entends frapper à la porte ;
J'ouvre ; bon Dieu ! c'était lui,
Suivi d'une faible escorte.
Il s'asseoit où me voilà ,
S'écriant : Oh ! quelle guerre !
　　Oh ! quelle guerre !
　—Il s'est assis là , grand'mère!
　　Il s'est assis là !

　　J'ai faim , dit-il , et bien vite
Je sers piquette et pain bis.
Puis il sèche ses habits ;
Même à dormir le feu l'invite.
Au réveil voyant mes pleurs ,
Il me dit : Bonne espérance !
Je cours de tous ses malheurs
Sous Paris venger la France.
Il part : et comme un trésor
J'ai depuis gardé son verre,
　　Gardé son verre.
　—Vous l'avez encor, grand'mère !
　　Vous l'avez encor !

Le voici. Mais à sa perte
Le héros fut entraîné.
Lui, qu'un pape a couronné;
Est mort dans une île déserte.
Long-temps aucun ne l'a cru,
On disait: Il va paraître;
Par mer il est accouru;
L'étranger va voir son maître.
Quand d'erreur on nous tira,
Ma douleur fut bien amère.
    Fut bien amère.
—Dieu vous bénira, grand'mère;
    Dieu vous bénira. (bis.)

BÉRANGER.

LES AMOURS DE PARIS,

CHANSON.

Air : *du vaudeville de Figaro.*

Aujourd'hui l'amour commode
Ne nous donne que des fleurs :
On en bannit la méthode
Des vains soupirs et des pleurs.
A Paris telle est la mode :
Trois jours durant nos amours ;
Ils finissent en trois jours.

Au repos d'un bon ménage
Ce système doit pourvoir ;
Le mari le plus sauvage
N'a plus le temps de rien voir.
Comment surprendre, au passage,
D'aussi rapides amours,
Qui s'envolent en trois jours !

Cet usage salutaire
Ne doit pas vous engager,
Par le désir de trop plaire,
Au plaisir de trop changer.
Soyez soumis, et sincère,
Et constant dans vos amours ;
Ne quittez qu'après trois jours.

Ce nombre est très-nécessaire :
Le premier, c'est pour l'aveu ;
Le second, c'est un mystère ;
Le troisième est pour l'adieu.
Aimer, vaincre et se déplaire,
C'est l'histoire des amours ;
Elle finit en trois jours.

N'allez pas, censeur austère,
Me juger par ce discours :
Mon humeur n'est point légère ;
J'aime et j'aimerai toujours.
Or, voici tout le mystère :
Sachez que, dans mes amours,
Trois siècles, ce sont trois jours,

Comte de Ségur.

MON REVE.

Air : *Avec les jeux dans le village.*

Jeune Iris, pourriez-vous bien croire,
Ah ! que n'est-ce la vérité !
Ce que tous deux dans l'ombre noire
Tour-à-tour nous avons été ?
Morphée en fermant ma paupière,
Fit de moi l'acier le plus doux :
D'aimant vous étiez une pierre,
Et vous m'entraîniez après vous.

Ce Dieu, par un doux stratagême
De cet aimant fit un écho :
J'étais couplet, je disais : J'aime,
Et vous me répétiez ce mot.
Par un caprice plus insigne,
Il me rendit petit poisson ;
A mes yeux vous parûtes ligne,
Et je mordis à l'hameçon.

Le bon Morphée, à ma prière,
M'ayant fait voyager par eau,
Vous devîntes une rivière,
Et je vous fis porter bateau.
Le froid prit, vous voilà de glace ;
Pour tirer parti de ce tour,
Sur deux semelles je me place,
Et je patinai tout le jour.

Pour dernière métamorphose,
Devenu nectar des plus doux,
J'étais dans un vase de rose,
Iris, et je coulais pour vous,

Une goutte sur vous s'attache;
Vous étiez alors tout satin ;
A mon réveil j'ai vu la tache,
Mais j'ai cherché l'étoffe en vain.

BOUFFLERS.

LA FIN DU MONDE.

Air : *Aimé de la belle Ninon.*

Saint Antoine et son compagnon;
Saint Roch, son chien, Loth et ses filles,
Par les pères de la chanson
Virent illustrer leurs familles.
Si depuis la création,
On chansonna tout à la ronde,
Moi, pour ma récréation,
Je vais chanter la fin du monde.

Vous le savez, mes chers amis,
Par la vertu de ses lunettes,
Certain grand homme dans Paris
Dirige le cours des comètes :
Inspiré par Mathieu Lansberg,
Sur lequel son avoir se fonde,
De temps en temps cet homme expert,
Renouvelle la fin du monde.

D'après ses calculs effrayans,
A tant de dangers il nous livre,
Que nous ne vivrons pas long-temps
Pour peu que Dieu le laisse vivre.
Il menace soir et matin
Notre pauvre machine ronde,
Et je ne vois plus que sa fin
Pour empêcher la fin du monde.

On s'en souvient, le vingt-cinq mai,
Par un décret astronomique,
De notre globe consumé,
Nous devions voir la fin tragique ;
La veille de ce jour sans fin
La terreur était sans seconde ;
Mais personne le lendemain
Ne crut plus à la fin du monde.

Rassurons-nous, malgré Mathieu,
Malgré Jérôme et ses lunettes,
Cet accident-là n'aura lieu,
De long-temps, que dans les gazettes :
Dans la ville et dans les faubourgs
Les deux sexes, sans qu'on en fronde,
Traivaillent trop bien tous les jours
A retarder la fin du monde.

Si pourtant nous voyons un jour,
Par des changemens salutaires,
Régner la constance en amour,
La bonne foi dans les affaires ;
S'il faut, chez les gens délicats,
Qu'avec l'or le crédit abonde,
Oh ! mes amis ! n'en doutons pas,
Ce sera bien la fin du monde.

VIEILLARD.

LE BON VIEILLARD.

Air : *Contentons-nous d'une simple bouteille.*

Joyeux enfans, vous que Bacchus rassemble,
Par vos chansons vous m'attirez ici.
Je suis bien vieux ; mais en vain ma voix tremble,
Accueillez-moi, j'aime à chanter aussi.
Du temps passé j'apporte des nouvelles ;
J'ai bu jadis avec le bon Panard.
Amis du vin, de la gloire et des belles,
Daignez sourire aux chansons d'un vieillard.

De me fêter, eh quoi ! chacun s'empresse !
A ma santé coule un vin généreux.
Ce doux accueil enhardit ma vieillesse
Je crains toujours d'attrister les heureux.
Que les plaisirs vous couvrent de leurs ailes,
Avec le temps vous compterez plus tard.
Amis du vin, de la gloire et des belles,
Daignez sourire aux chansons d'un vieillard.

Ainsi que vous, j'ai vécu de caresses ;
Vos grand's mamans diraient si je leur plus.
J'eus des châteaux, des amis, des maîtresses,
Amis, châteaux, maîtresses ne sont plus.
Les souvenirs me son restés fidèles;
Aussi parfois je soupire à l'écart.
Amis du vin, de la gloire et des belles,
Daignez sourire aux chansons d'un vieillard.

Dans nos discords, j'ai fait plus d'un naufrage,
Sans fuir jamais la France et son beau ciel.
Au peu de vin que m'a laissé l'orage,
L'orgueil blessé ne mêle point de fiel.

J'ai chanté même aux vendanges nouvelles,
Sur des côteaux dont j'eus long-temps ma part.
Amis du vin, de la gloire et des belles,
Daignez sourire aux chansons d'un vieillard.

 Vieux compagnons des guerriers d'un autre âge,
Comme Nestor je ne vous parle pas
De tous les jours où brilla mon courage ;
J'achèterais un jour de vos combats.
Je l'avouerai, vos palmes immortelles.
M'ont rendu cher un nouvel étendard.
Amis du vin, de la gloire et des belles,
Daignez sourire aux chansons d'un vieillard.

 Sur vos vertus quel avenir se fonde!
Enfans, buvons à mes derniers amours.
La liberté va rajeunir le monde :
Sur mon tombeau brilleront d'heureux jours.
D'un beau printemps, aimables hirondelles,
J'ai pour vous voir différé mon départ.
Amis du vin, de la gloire et des belles,
Daignez sourire aux chansons d'un vieillard.

BÉRANGER.

LA NOSTALGIE,

OU LA MALADIE DU PAYS.

Air: *De la République.*

Vous m'avez dit : « A Paris, jeune pâtre,
« Viens, suis-nous, cède à tes nobles penchans.
« Notre or, nos soins, l'étude, le théâtre,
« T'auront bientôt fait oublier les champs. »
Je suis venu ; mais voyez mon visage.
Sous tant de feux mon printemps s'est fané,
Ah ! rendez-moi, rendez-moi mon village,
 Et la montagne où je suis né !

La fièvre court triste et froide en mes veines ;
A vos désirs cependant j'obéis.
Ces bals charmans où les femmes sont reines,
J'y meurs, hélas ! j'ai le mal du pays.
En vain l'étude a poli mon langage ;
Vos arts en vain ont ébloui mes yeux.
Ah ! rendez-moi, rendez-moi mon village,
 Et ses dimanches si joyeux !

Avec raison vous méprisez nos veilles,
Nos vieux récits et nos chants si grossiers.
De la féerie égalant les merveilles,
Votre Opéra confondrait nos sorciers.
Au Saint des saints le ciel rendant hommage,
De vos concerts doit emprunter les sons.
Ah ! rendez-moi, rendez-moi mon village,
 Et sa veillée et ses chansons !

Nos toits obscurs, notre église qui croule,
M'ont à moi-même inspiré des dédains.
Des monumens j'admire ici la Foule ;
Surtout ce Louvre et ses pompeux jardins ;
Palais magique, on dirait un mirage
Que le soleil colore à son coucher.
Ah! rendez-moi, rendez-moi mon village,
 Et ses chaumes et son clocher !

 Convertissez le sauvage idolâtre,
Près de mourir, il retourne à ses dieux.
Là bas, mon chien m'attend auprès de l'âtre,
Ma mère en pleurs repense à nos adieux.
J'ai vu cent fois l'avalanche et l'orage,
L'ours et les loups fondre sur mes brebis.
Ah! rendez-moi, rendez-moi mon village,
 Et la houlette et le pain bis !

 Qu'entends-je, ô ciel! pour moi remplis d'alarmes,
« Pars, dites-vous ; demain, pars au réveil.
« C'est l'air natal qui séchera tes larmes ;
« Va refleurir à ton premier soleil. »
Adieu, Paris, doux et brillant rivage,
Où l'étranger reste comme enchaîné.
Ah! je revois, je revois mon village,
 Et la montagne où je suis né.

BÉRANGER.

LA CHAUMIÈRE.

Air : *Femmes, voulez-vous éprouver ?*

Pour trouver ce parfait bonheur,
Dont le séjour est un mystère,
Consultez toujours votre cœur ;
Que ce guide seul vous éclaire :
De vos ambitieux désirs
Fuyez la trompeuse lumière ;
Et pour goûter de vrais plaisirs,
Venez me voir dans ma Chaumière.

Là, vous jouirez des faveurs
Que me prodigue la nature ;
Vous y verrez des fruits, des fleurs,
Et le cristal d'une onde pure.
Si vous aimez un doux sommeil,
Venez dormir sur ma fougère ;
Si vous aimez un doux réveil,
Réveillez-vous dans ma Chaumière.

Zéphyr y parfume les airs
Des odeurs que la rose exhale ;
Vous entendrez les doux concerts
De la fauvette matinale.
Et si vous aimez la gaîté
Que donne un travail salutaire,
On la trouve, avec la santé,
Dans le jardin de ma Chaumière.

La Fortune, par des remords,
Souvent nous fait payer ses charmes ;
Moi, je vous offre des trésors
Qui ne coûtent jamais de larmes.

La paix du cœur, de vrais amis,
Mon chien, ma lyre et ma bergère,
Peu de livres, mais bien choisis,
Voilà les biens de ma Chaumière.

Loin de mon paisible séjour,
Pour voler de belles en belles,
Le plaisir, en trompant l'Amour,
Lui prête, dités-vous, ses ailes.
Cet Amour est un imposteur ;
Le mien n'a pas l'humeur légère ;
Il ne quitte jamais mon cœur,
Et ne sort point de ma Chaumière.

Pour ma Lise, ses feux constans
Depuis vingt ans brûlent mon âme ;
Lise, pour moi, depuis vingt ans,
N'a jamais vu pâlir sa flamme.
O vous, dont le cœur veut former
Un doux nœud pour la vie entière,
Amans, jurez de vous aimer
Comme on aime dans ma Chaumière.

COMTE DE SÉGUR.

MA NOURRICE.

CHANSON HISTORIQUE.

Air : *Dodo, l'enfant do, etc.*

De souvenir en souvenir,
J'ai reconstruit mon édifice.
Je vais conter, pour en finir,
Ce qu'on m'a dit de ma nourrice.
Au soir des ans doit sembler doux
Ce chant qui nous a bercés tous :
   Dodo, l'enfant do,
L'enfant dormira tantôt.

Au mois d'août, voilà bien long-temps !
Six francs et ma layette en poche,
Belle nourrice de vingt ans,
D'Auxerre avec moi prit le coche.
Sois bien ou mal, sanglote ou ris,
Adieu, pauvre enfant de Paris.
   Dodo, l'enfant do,
L'enfant dormira tantôt.

En Bourgogne je débarquai ;
Pour la chanson climat propice.
Nous trouvons, buvant sur le quai,
Le vieux mari de ma nourrice.
Verre en main, Jean le vigneron
Chantait les gaîtés de Piron.
   Dodo, l'enfant do,
L'enfant dormira tantôt.

Sous son chaume, au bruit du pressoir,
Bientôt j'assiste à la vendange.
Plus ivre et plus vieux chaque soir,
Jean va coucher seul dans la grange,

Sa femme, en se moquant tout bas,
Me dit : Petiot, ne vieillis pas.
    Dodo, l'enfant do,
L'enfant dormira tantôt.

Un moine, en voisin, vint chez nous ;
Il entre sans que le chien jappe ;
Le mari sort, et l'homme roux
De ma table fripe la nappe.
Hélas ! l'odeur du Récollet
Fait pour neuf mois tourner mon lait.
    Dodo, l'enfant do,
L'enfant dormira tantôt.

Au vieux moutier, huit jours plus tard,
Jean, bien payé, soignait la vigne.
Moi, gai comme un dieu sans nectar,
Au vin du cru je me résigne.
Ma nourrice en m'en abreuvant,
Soupire et dit : Chien de couvent !
    Dodo, l'enfant do,
L'enfant dormira tantôt.

Sur cette histoire, en bon devin,
Mon parrain, dès qu'il l'eut apprise,
Me prédit le dégoût du vin,
Le goût de tous les gens d'église.
Pour *requiem* je prédis, moi,
Qu'ils chanteront à mon convoi.
    Dodo, l'enfant do,
L'enfant dormira tantôt.

                    BÉRANGER.

LES VOYAGES.

Air : *Ainsi jadis un grand prophète,*
ou *du petit Matelot.*

Hélas! ici-bas tout voyage,
Et tout y change chaque jour;
La Fortune sur un nuage,
Quitte et prend chacun à son tour.
En volant d'orage en orage,
La Gloire entraîne au loin sa cour;
Son aigle est oiseau de passage,
Comme l'hirondelle et l'Amour.   *(bis.)*

Le Temps emporte sur ses ailes
Et nos plaisirs et nos tourmens;
La fraîcheur des fleurs et des belles,
Et la foule de nos sermens.
L'Amitié, qu'on croit moins volage,
Faisant chez nous peu de séjour,
N'est plus qu'un oiseau de passage,
Comme l'hirondelle et l'Amour.   *(bis.)*

La Raison doit être plus sage;
Mais, grâce à nos doctes travaux,
Trop souvent elle déménage
Et s'absente de nos cerveaux :
Je vois à peine son image,
Mille erreurs voltigent autour;
Il faut la saisir au passage,
Comme l'hirondelle et l'Amour.   *(bis.)*

On ne voit de constant en France
Que la folle Légèreté
Dans le malheur, dans la souffrance,
Le Français garde sa gaîté;

Si parfois elle fait naufrage :
On est certain de son retour ;
Elle est moins oiseau de passage
Que l'hirondelle et que l'Amour. (bis.)

Comte de Ségur.

A MES AMIS, DEVENUS MINISTRES.

Air : *à faire.*

Non, mes amis, non, je ne veux rien être ;
Semez ailleurs, places, titres et croix.
Non, pour les Cours Dieu ne m'a point fait naître :
Oiseau craintif je fuis la glu des rois.
Que me faut-il ? maîtresse à fine taille,
Petit repas et joyeux entretien.
De mon berceau près de bénir la paille,
En me créant Dieu m'a dit : Ne sois rien.

Un sort brillant serait chose importune
Pour moi, rimeur, qui vis de temps perdu ;
M'est-il tombé des miettes de fortune,
Tout bas je dis : Ce pain ne m'est pas dû.
Quel artisan, pauvre, hélas ! quoi qu'il fasse,
N'a plus que moi droit à ce peu de bien ?
Sans trop rougir fouillons dans ma besace :
En me créant Dieu m'a dit : Ne sois rien.

Au ciel, un jour, une extase profonde
Vient me ravir, et je regarde en bas.
De là, mon œil confond dans notre monde,
Rois et sujets, généraux et soldats.

Un bruit m'arrive ; est ce un bruit de victoire ?
On crie un nom ; je ne l'entends pas bien.
Grands, dont là-bas je vois ramper la gloire,
En me créant Dieu m'a dit : Ne sois rien.

 Sachez pourtant, pilotes du royaume,
Combien j'admire un homme de vertu,
Qui, regrettant son hôtel ou son chaume,
Monte au vaisseau par tous les vents battu.
De loin, ma voix lui crie : Heureux voyage !
Priant de cœur pour tout grand citoyen.
Mais au soleil je m'endors sur la plage.
En me créant Dieu m'a dit : Ne sois rien.

 Votre tombeau sera pompeux sans doute ;
J'aurai, sous l'herbe, une fosse à l'écart.
Un peuple en deuil vous fait cortège en route ;
Du pauvre, moi, j'attends le corbillard.
En vain on court où votre étoile tombe ;
Qu'importe alors votre gîte ou le mien ?
La différence est toujours une tombe.
En me créant Dieu m'a dit : Ne sois rien.

 De ce palais souffrez donc que je sorte ;
A vos grandeurs je devais un salut.
Amis, adieu. J'ai derrière la porte
Laissé tantôt mes sabots et mon luth.
Sous ces lambris près de vous accouru,
La Liberté s'offre à vous pour soutien.
Je vais chanter ses bienfaits dans la rue.
En me créant Dieu m'a dit : Ne sois rien.

BÉRANGER.

SI LA FORTUNE ME DONNAIT,

ROMANCE.

Air : *Femmes, voulez-vous éprouver?*

Si la Fortune me donnait
Tous les biens qu'un mortel désire,
Trésors, grandeurs à mon souhait,
Gloire, pouvoir, et même empire,
Et qu'il fallut le même jour
Renoncer à ma douce amie,
Je dirais : Laisse-moi l'Amour,
C'est-là le seul bien de la vie.

Que me fait la voûte des cieux
Et le soleil qui la colore,
Si leur aspect n'offre à mes yeux
Les traits de celle que j'adore?
Vallons, bosquets, riant séjour,
Tout est désert sans mon amie;
Et me priver de mon amour,
Ce serait m'arracher la vie.

En vain, par de froids argumens,
La sagesse, d'un ton sévère,
Me dit qu'avec des cheveux blancs
On ne doit plus prétendre à plaire.
Si l'on ne plait qu'en son printemps,
On peut aimer toute la vie.
Aimer, c'est vivre, je le sens,
Et j'aimerai toujours Julie.

COMTE DE SÉGUR.

LE FARCEUR.

CHANSONNETTE.

Air : *du vaudeville* du Dîner de garçon.

Mon cousin est un grand farceur,
Ses manières sont bien aimables,
Les niches, voilà son bonheur;
Il en fait de bien agréables.
Quand il va dans une maison,
Afin de mieux jouer son rôle,
D'abord il a l'air d'un Caton,
Mais dès qu'il fait le polisson...
Mon Dieu! que mon cousin est drôle! (*bis.*)

Hier il dînait chez papa,
Il était d'une humeur charmante;
A peine assis, il renversa
Tout son potage sur ma tante;
Puis, comme il voulait parier
De ne plus faire cette école,
Zeste, en prenant le saladier,
Sur maman il jeta l'huillier...
Mon Dieu! que mon cousin est drôle!

Quand il imite un animal,
Ah! c'est alors qu'il faut l'entendre!
Il fait tout : âne, chien, cheval,
Et c'est vraiment à s'y méprendre.
L'autre soir, d'un grand sérieux,

Tout à coup voilà qu'il miaule ;
Notre chat devint furieux,
Et voulut lui sauter aux yeux...
Mon Dieu ! que mon cousin est drôle !

Maman élevait un serin
Dont on admirait le ramage,
Il gazouillait soir et matin
Dès qu'on approchait de sa cage.
Mon cousin, dans un beau transport,
Un jour, le prend, il le cajole,
Et lui fait tant faire le mort,
Que notre oiseau le fait encor...
Mon Dieu ! que mon cousin est drôle !

C'est au bal qu'il s'en donne bien ;
Il ne va jamais en mesure ;
Pourtant il trouve le moyen
De déranger chaque figure ;
Allongeant sa jambe, au moment
Où l'on fait une cabriole,
Grâce à lui, ma sœur, en tombant,
Se cassa deux dents de devant...
Mon Dieu ! que mon cousin est drôle !

PAUL DE KOCK.

BARCAROLLE DE FRA DIAVOLO.

Agnès, la jouvencelle,
Aussi jeune que belle,
Un soir, à sa tourelle,
Ainsi chantait tout bas :
« La nuit cachera tes pas,
On ne te verra pas.
La nuit cachera tes pas.
Et je suis seule, hélas !
C'est ma voix qui t'appelle !
Ami, n'entends-tu pas ?

« L'instant est si prospère !
Nulle étoile n'éclaire
Ta marche solitaire ;
Pourquoi ne viens-tu pas ?
Le jour, ma grand'mère, hélas !
Est toujours sur nos pas ;
Mais ma grand'mère, là-bas,
Dort après son repas.
L'instant est si prospère !
Ami, n'entends-tu pas ? »

SCRIBE.

LE DESSERT.

Air : *En revenant de Bâle en Suisse.*

Disparaissez, on vous l'ordonne,
Rôtis pompeux, fins entremets,
Ici Bacchus, Flore et Pomone,
Doivent seuls régner désormais :
    On rit, on babille ;
    Le cœur est ouvert,
    Et la gaîté brille
    Au moment du dessert.

Voyez quand un dîner commence,
Souvent on ne se connaît pas ;
Mais sans peine on fait connaissance,
Et quand vient la fin du repas,
    On rit, on babille,
    Le cœur est ouvert,
    On est en famille
    Au moment du dessert.

A raisonner chacun s'applique,
Tous ensemble et non tour-à-tour ;
Tout haut on parle politique,
Et tout bas on parle d'amour.
    On rit, on babille,
    Le cœur est ouvert,
    Et la gaîté brille
    Au moment du dessert.

C'est du Champagne qu'on apporte :
Chacun va dire sa chanson,
On chante juste ou faux, qu'importe,
Le Plaisir est à l'unisson.
  On rit, on babille,
   Le cœur est ouvert,
   Et la gaîté brille
   Au moment du dessert.

Voyez cette jeune innocente,
Buvant de l'eau, ne disant mot,
A ce vin mousseux qui la tente,
Elle cède, en boit, et bientôt
   Elle rit, babille,
   Son cœur est ouvert,
   Et sa gaîté brille
   Au moment du dessert.

Étrangère à la gourmandise,
Indifférente aux grands repas,
Lise, d'un peu de friandise
En secret ne se défend pas.
   Elle rit, babille,
   Son cœur est ouvert,
   Et sa gaîté brille
   Au moment du déssert.

Nous, qu'un joyeux délire excite ;
Et dont Momus dicte les chants;
Mes bons amis, dînons bien vite ;
Mais au dessert restons long-temps.
   On rit, on babille,
   Le cœur est ouvert,
   Et la gaîté brille
   Au moment du dessert.

RADET.

LA VIVANDIÈRE

DANS L'EMBARRAS.

CHANSONNETTE MILITAIRE.

Dieu du bon Dieu ! quelle avanie !
On me conduit au violon !
C'est une horreur ! une infamie !
Au régiment que dira-t-on ?
Ah ! qu'une femme au commissaire
Est à plaindre d'avoir affaire !
   Grenadiers, mes amours,
   Venez à mon secours !

Je suis honnête vivandière,
Pour une autre on me prend à tort ;
J'en appelle à l'armée entière
De qui seule dépend mon sort.
Quoi ! ne peut-on, sans qu'on vous chasse,
Prendre l'air, le soir, sur la place !
   Grenadiers, mes amours,
   Venez à mon secours !

Ai-je, comme plus d'une belle,
Changé d'amour à tout moment ?
Ai-je cessé d'être fidèle
Aux grenadiers du régiment ?
Voilà que de moi l'on s'assure
Pour me mettre à la Préfecture.
   Grenadiers, mes amours,
   Venez à mon secours !

Je le demande, m'a-t-on vue
Passer du centre aux voltigeurs,
Ou bien des bourgeois dans la rue
M'en aller attaquer les cœurs?
On sait bien que je ne m'attache
Qu'aux chevrons et qu'à la moustache.
 Grenadiers, mes amours,
 Venez à mon secours!

 Ai-je dans la cavalerie
Pris du service? Non, jamais.
Je n'ai confondu, de ma vie,
Les bancals avec les briquets.
Jamais le son de la trompette
Ne m'a fait détourner la tête.
 Grenadiers, mes amours,
 Venez à mon secours!

Ce n'est pas un bourgeois, j'espère,
Qui vient ici m'interroger;
Je l'ai dit, je suis militaire,
Le régiment doit me juger.
Si l'on veut poursuivre l'affaire,
Qu'on assemble un conseil de guerre!
 Grenadiers, mes amours,
 Venez à mon secours!

B. de P.

L'UNIFORME FRANÇAIS,

ROMANCE.

Air : *Muse des bois et des accords champêtres.*

La pâle mort... non la mort généreuse
Qu'on trouve belle à l'ombre d'un laurier,
Mais cette mort que l'exil rend affreuse,
Allait à Mars ravir un vieux guerrier :
« O toi, dit-il, qu'attendrit ma souffrance,
Passant, tu peux en adoucir l'excès...
Tourne mes yeux vers la rive de France !
Etends sur moi l'uniforme français !

« Des temps fameux où, mis à la réforme,
Des peuples fiers s'inclinaient sous nos lois,
Je n'ai sauvé que ce vieil uniforme,
Témoins parlant de mes derniers exploits.
J'ai fait trente ans respecter ma moustache,
Valmy, Fleurus, virent mes coups d'essai...
Mon uniforme est usé, mais sans tache,
Et c'est toujours l'uniforme français !

« Il paraissait, la victoire était sûre;
Le même plomb nous déchirait tous deux;
Chaque reprise atteste une blessure ;
Chaque blessure un exploit hasardeux,

La même main, Lise, c'était la tienne!...
Me provoquant à de plus doux succès,
Venait fermer ma blessure et la sienne...
Lise aimait tant l'uniforme français!

« Par une balle, un jour, *à l'avancée*,
Il me souvient que nous fûmes atteints ;
Au général elle était adressée...
Oh! comme alors je bénis les destins !
« Viens, La Valeur, dit-il, que je t'embrasse !
De ce coup-là, sans toi, je périssais...
Sous une croix j'en veux cacher la trace
Pour compléter l'uniforme français. »

« France! adieu donc... Terre, sois nous légère!
Temps, que tes coups s'épuisent sur moi seul !
Sort ennemi, sur la rive étrangère
Puisse la haine oublier mon linceul !
Un jour viendra que le soc du Batave
Vers nos débris se frayant un accès,
On se dira ; C'est la cendre d'un brave...
Il a porté l'uniforme français ! »

Jacinthe LECLERE.

LE MARIAGE DE NICAISE.

Air : *C'est M. Baroco.*

Un jour, le grand Nicaise
A son pèr' dit comm' ça :
« Est-c' vrai qu'on est bien aise
D'être appelé papa ?
Avec mamzell' Perrot,
  Oh !
J' voudrais bien savoir ça :
  Ah !
Mariez-nous bientôt,
  Oh !
Un' noc', ça m'amus'ra,
  Ah ! »

Le papa, d'un air bête,
Lui répond : « Mon garçon,
Je vois qu' vous êt's honnête,
Écoutez ma leçon ;
C'est un' femm' qu'il vous faut,
  Oh !
Elle vous instruira ;
  Ah !
Vous aurez un marmot ;
  Oh !
Vous êt's bâti pour ça !
  Ah ! »

On va trouver la belle ;
Ell' s'appellait Suzon ;
C'était une donzelle
A l'œil vif et fripon ;
Ell' dit au premier mot :
    « Oh !
Un mari, ça m'ira !
    Ah !
Il est un peu nigaud !
    Oh !
Mais je l'aime comm' ça.
    Ah ! »

On célèbre les noces ;
Les amans sont unis ;
Puis, le soir, les carosses
Emmènent les amis ;
Nicaise dit tout haut ;
    « Oh !
Ils s'en vont sitôt qu' ça.
    Ah !
Le bal finit trop tôt.
    Oh !
On se couche déjà !
    Ah ! »

Le lendemain d' la fête,
Nicais', d'un air vainqueur,
Disait : « Étais-je bête !
Un' femm' me fesait peur.
J' rougissais pour un mot ;
    Oh !
Sans savoir pourquoi ça ;
    Ah !
Mais je n' s'rai plus si sot,
    Oh !
Maint'nant que j' sais tout ça…
    Ah ! «

Paul de Kock.

NOUVELLE HYGIÈNE.

CHANSON.

Air : *Voilà la manière.*

Aller où sur terre
Le sort nous conduit ;
Quelquefois se taire,
Car trop parler nuit ;
De Beaune ou de *Nuits*,
S'ils sont de qualité première,
Boire jour et nuit ;
Préférer le vin à la bière ;
Suivre sa carrière
Toujours en chantant ;
Voilà la manière
D'être bien portant.

Tel qui d'un mot leste
Se trouve offensé,
Fait le crâne, et zeste !
Va sur le fossé ;
Il revient blessé,
Doux effet d'une humeur altière !...
En homme sensé,
Savoir, se tenant en arrière,
Qu'une ame guerrière
Peut rendre impotent ;
Voilà la manière
D'être bien portant.

A la tapissière
Dont l'époux est lourd,
A la bijoutière
Dont le père est sourd,
Peindre son amour ;
Le peindre encore à la mercière !
Faire aussi la cour
A la gentille pâtissière ;
Puis à l'épicière
En conter autant ;
Voilà la manière
D'être bien portant.

Pourtant qu'on évite,
Amant trop courtois,
D'épuiser trop vite
D'Amour le carquois ;
Etre, en son émoi,
Sobre avec sa particulière ;
Suivre cette loi,
En faire, avec la parsonniére,
De sa vie entière
Le point important ;
Voilà la manière
D'être bien portant.

D'orgueil ou d'envie
N'avoir point d'accès ;
En rien dans la vie
Ne faire d'excès ;
Dès que d'un procès
On fait la perte meurtrière,
Quand Mars aux Français
Pour Hugo délaisse Molière,
De son Labruyère,
Lire tant et tant ;
Voilà la manière
D'être bien portant.

Après la galope,
Êtes-vous atteints
D'un peu de syncope
Aux jambes, aux reins,
Sur de bons coussins
Poser mollement son derrière ;
Quant aux médecins,
Les consigner à la portière,
Fût-ce Audin-Rouvière,
Portal, Pelletan ;
Voilà la manière
D'être bien portant.

SIMONNIN.

LETTRE ECRITE D'ALGER,

PAR M. DUMANET,

Caporal de voltigeurs,

A SA FUTURE, MADEMOISELLE SOPHIE ROMBOSSE.

Vous d'vez t'êt' ben inquiét' tout d'même
Que vous n'vissiez pas d' lettr' de moi ;
Mais quoiqu'ça Dumanet vous aime
Ni plus ni moins qu' si c'était soi.
Oui, bell' Sophi', soillez tranquille,
Rien n'a v'nu refroidir mon cœur
Ded'puis que je suis dans un' ville

Ous qu'y a cinquant' degrés d' chaleur.
J' voulais m' servir du télégraphe
Pour vous signaler mon ardeur,
Mais, n'en savant pas l'orthographe,
J'emploie un bateau zà vapeur.
C'est une espèc' de chaudièr' ronde,
Voyez-vous, qu'a pas d' cuisinier;
Ça march' tranquillement sur l'onde
Et ça fum' comme un vré troupier.
Mais p't-ê're que vous s'rez bien aise
D'apprend' que bravant le danger,
En Afric la valeur française
A trelliomphé dedans Alger.
Premièrement, sachez, ma chère,
Qu'au moment de nous embarquer
J'ai t'eu des tranché's d' misère
Que l' cœur à manqué d' m'en craquer.
J'allais prend' mon congé d'avance
Et m'absorber dans les marsouins
Quand l'on toucha terre en présence
Des moricauds qu'on nomm' Bédouins.
C'est un tas d' pouss' cailloux du centre
Qu'a rien d' français dedans l'aspect;
Ils ont la boul' noir' comm' de l'encre
Et pas d' chemis', sous vot' respect.
Rapid's comme l' tremblement d' terre,
Ils filaient d'vant nos régimens.
Les ch'vaux d' not' caval'ri' légère
Voulaient tous pren' le More aux dents.
C' calembourg il vous fait sourire,
Mais le Français, en vérité,
Ne peut se soustraire à l'empire
D'avoir de l'émabilité.
Nous v'là campés. En sentinelle,
J'en fais d'abord deux heur's de nuit;
Mais c'est là, cré coquin, ma belle,
Qu'il m'a fallu du cœur pour huit.
Imaginez trent'-six sonates
De cris et de gémissemens

De particuliers à quatt' pattes
Qu'étaient gros comm' des éléphans ;
Des tig's, des lions, un tas d' vermine
Qui s'promèn't dans ce pays là.
Bref, on dit qu' j'avais uu' pauv' mine
Quand not' caporal me r'leva.
Crevant d' soif, j' fûs près d'une source
Ous' que j' bus d' l'eau ; mais, grédin d' sort,
Le matin, en r'prenant not' course,
Nous y trouvim' un chameau mort.
J' m'ai cru poisonné ; mill' tempêtes !
Que m' dit l' sergent tout confondu,
Tu vois que c',' eau là tu' les bêtes,
Ainsi, Dumanet, t'es perdu.
L'halein' me manque, j' devins pâle ;
Mais j'oubli' bientôt le danger
Lorsque j'entends la générale
Et qu' nous somm's entrés dans Alger.
Couronné de gloire, j' m'élance
Dans n'un palais, queu coup d'essai !
Ous' que je cru par ma vaillance
D'avoir pris la sultan' du Dey.
Elle avait une tournur' sauvage
Avec un couvre-pied d' linon ;
Mais, comme all' m' griffé l' visage,
Ils dis'nt que c' n'était qu'un' guenon.
C'est possibe ; j' sais ben qu'en France
Les femm' et les guenons c'est deux,
Mais ici n'y a pas d' différence,
A moins d'avoir des fameux yeux.
Adieu ! J' gardais pour la bonn' bouche
D' vous annoncer q'mon général
M'a vu brûler plus d'un' cartouche
Et qu'il vient de m' fair' caporal.
Mais, malgré cet honneur suprême
Et la chaleur qui nous grill' tous,
Ca n'empêch' pas que j'ai tout d' même
Un fameux coup d' soleil pour vous.
Je désire que la présente,

Que j'écris d' la main d' not' tambour,
Vo... ...ouv' fidèle et bien portante
E... ...proq' de mon amour !

Afric, cinq juillet.
Signé DUMANET.

LES YEUX BLEUS.

Air : *Chantez, dansez, amusez-vous.*

Aime les yeux noirs si tu veux
Et leur vivacité piquante ;
Je ne chéris que les yeux bleus
Et leur langueur intéressante.
Les yeux noirs sont de jolis yeux,
Mais les plus beaux ce sont les bleus.

Si la brune, d'un air vainqueur,
Lance sur vous des traits de flamme,
La blonde, avec plus de douceur,
Pénètre jusqu'au fond de l'âme.
Les yeux noirs, etc.

Dans les yeux noirs que de désirs !
Dans les yeux bleus que de finesse !
La brune inspire les plaisirs,
La blonde inspire la tendresse.
Les yeux noirs, etc.

Les yeux noirs disent fièrement :
Que j'aime ou non je veux qu'on m'aime ;
Les yeux bleus disent tendrement :
Aime-moi j'aimerai de même :

Les yeux noirs, etc.

Un grand œil noir est rempli d'art ;
Il ne dit pas ce qu'il faut dire.
Un grand œil bleu parle sans fard ;
Dans ses regards on peut tout lire.

Les yeux noirs, etc.

O vous que j'aime sans espoir !
Vos yeux bleus triomphent des autres;
Pardonnez si j'aimais les noirs,
Je n'avais jamais vu les vôtres ;
Mais depuis que j'ai vu vos yeux
Je ne chéris plus que les bleus.

Peut-être que nos envieux
Nous diront que je suis volage ;
Qu'avant de chanter les yeux bleus
Les noirs recevaient mon hommage.
Ne craignez rien, j'ai vu vos yeux ;
Je ne chéris que les yeux bleus.

Pour redouter un changement
La nature vous fit trop belle !
Qui vous voit devient inconstant ;
Qui vous aime devient fidèle ;
Aux yeux noirs je fais mes adieux ;
Je ne chéris que les yeux bleus.

LA BIENFAISANCE.

Air : *A voyager passant sa vie.*

    Fille du ciel, ô Bienfaisance !
La plus aimable des vertus,
Sans en excepter l'Innocence,
O toi, que l'on ne connaît plus,
Puisse l'hymne que je t'adresse
Enflammer encor les amans,
Des rois réveiller la mollesse
Et la langueur des courtisans.

    Repose-toi sur mon asile,
Ennoblis mon obscurité,
Par l'heureux désir d'être utile
Si le pouvoir m'en est ôté.
Que dis-je ? au sein de la misère,
Un être plein de ta chaleur
Trouve toujours du bien à faire :
Tu mets ses trésors dans son cœur.

    Périssent les âmes arides,
Les cœurs incapables d'aimer,
Les amis ingrats et perfides :
Mais quel courroux vient m'animer ;
Sont-ce là les vœux qui t'honorent ?
Hélas ! ces mortels odieux.
Douce Bienfaisance, ils t'ignorent;
Ils ne sont que trop malheureux !

    Viens, enivre-moi de tes charmes,
O sentiment consolateur !
Tu mêles du plaisir aux larmes
Et de l'attrait à la douleur ;

Par toi sans tumulte on sommeille;
Par toi le réveil est serein.
Le bien quel'on a fait la veille
Fait le bonheur du lendemain.

DORAT.

J'AI DE L'ARGENT.

Air : *Le premier pas.*

J'ai de l'argent...
Que ces mots ont d'empire !
Heureux qui dit à l'honnête indigent :
« De ta misère, ami, je te retire,
« Et dès ce jour doit cesser ton martyre :
« J'ai de l'argent. »   (*bis.*)

J'ai de l'argent...
On me fait bonne mine,
A me servir on est fort diligent,
Et célébrant mon illustre origine,
Chacun se dit mon cousin, ma cousine...
J'ai de l'argent !

J'ai de l'argent...
Fillette jeune et belle
A pour moi seul un regard obligeant ;
Si je la presse elle n'est pas cruelle,
Je ne saurais trouver une rebelle.
J'ai de l'argent !

J'ai de l'argent...
A plaider je m'expose ;
Je vais trouver et juge et président ;

Aux droits acquis je sais ce que j'oppose,
Je suis tranquille... et je gagne ma cause...
   J'ai de l'argent.

   J'ai de l'argent...
Ma table est bien garnie,
Et j'ai toujours de l'esprit, du talent :
En prose, en vers, on vante mon génie ;
Ma place, enfin, est à l'académie...
   J'ai de l'argent.

   J'ai de l'argent...
J'excite un peu l'envie,
Autour de moi tourne maint intrigant ;
Et me flattant il dénigre ma vie ;
Même, au besoin, parfois me calomnie...
   J'ai de l'argent.

   J'ai de l'argent...
De la mort tributaire,
J'aurai du moins un corbillard brillant;
A mon convoi l'on verra, je l'espère,
Suisse, bedeau, chantre, curé, vicaire...
   J'ai de l'argent.   (*bis.*)

COUPRT.

CROYEZ-VOUS QUE J'AIME ENCORE.

Air : *De l'Angelus.*

A la fin j'ai rompu mes fers ;
Salut ! ô Liberté chérie !
Déesse, âme de l'univers,
Par toi je renais à la vie !
Désormais soumis à ta loi,
Oui, c'est toi seule que j'adore :
Je veux vivre et mourir pour toi,
Ah ! croyez-vous que j'aime encore ?

J'ai connu le cruel tourment
De porter une indigne chaîne,
Et de dépendre à tout moment
Du caprice d'une inhumaine.
Trop long-temps au fond de mon cœur
J'ai nourri ce feu qui dévore...
Insensé ! quel fut mon malheur :
Ah ! croyez-vous que j'aime encore ?

Je crois même que la beauté
A sur moi perdu son empire ;
Je ne vendrais plus ma gaîté
Pour un regard, pour un sourire.
Oui, je brave tous vos appas,
Eglé, Nanime, Eléonore ;
J'admire et ne m'enflamme pas.
Ah ! croyez-vous que j'aime encore ?

P. SCRIBE.

LA CHAUMIÈRE ET LE CHATEAU.

Air : *De Garaudé.*

Vois tu là-bas sur la colline
 Ce beau château,
Et la chaumière qui domine
 Ce vert côteau ?
Dans l'un habite l'opulence
 Et la douleur ;
Dans l'autre habite l'innocence
 Et le bonheur,

Vois-tu dans cette galerie
 Ce grand seigneur,
Et dans la riante prairie
 Ce bon pasteur ?
L'un fuyant triste souvenance
 Ne dort jamais ;
L'autre bercé par l'espérance
 Repose en paix.

Vois-tu près de sa demoiselle,
 Ce damoiseau ?
Vois-tu près de sa pastourelle
 Ce pastoureau ?
L'un, aimable adroit et volage
 Sait mieux charmer ;
L'autre simple comme au village,
 Sait mieux aimer.

N'envions pas son opulence
Au grand seigneur,
Conservons plutôt l'innocence
Du bon pasteur.
Comme les amans du village
Aimons toujours,
Et nous verrons sans nul orage
Couler nos jours.

SAINT-HILAIRE.

LA POLITICO MANIE.

Air : *Vive la lithographie.*

La politique, mes frères,
Nous met l'esprit à l'envers.
Grâce au siècle des lumières,
Nous voyons tout de travers.
On politique partout,
On déraisonne sur tout.
Dans plus d'un brillant salon
On se croit à Charenton.
Ma grand'mère me répète
Qu'autrefois nos bons aïeux
Ne lisaient pas la gazette,
Et que tout en allait mieux.
Aujourd'hui, nos jeunes gens,
Très instruits, très-peu galans,
Ne font plus de complimens;

Mais à fille de quinze ans
Ils diront que les Hellènes,
Sous l'airain retentissant,
Ont vu fléchir dans Athènes
La Croix devant le Croissant.
Des troubles de l'Indostan,
Du massacre du Sultan ;
Lise, au bal, en minaudant,
Exige un récit sanglant.
Dans la rue, autre aventure ;
Ce matin, mon décrotteur,
En nettoyant ma chaussure
Commentait *le Moniteur* ;
Il fallait voir ce Romain,
Tenant ma botte à la main,
Me parler de liberté,
Et surtout d'égalité !
Un amant quitte sa belle,
Pour aller, d'un air pensif,
S'établir en sentinelle
Au Palais-Législatif ;
Tandis que de Benjamin
Il suit le discours sans fin,
Madame écoute un discours
Qui ne dure pas toujours.
La politique fait rage..,
On entend jeunes et vieux,
Le fou, le sot et le sage
Divaguer à qui mieux mieux.
Le plus chétif avocat
Prétend gouverner l'État.
Plus d'un fat enorgueilli
S'imagine être un Sulli.
Parle-t-on d'une victoire,
Un sot qui se trouve-là,
Applaudit au mot de gloire
Comme s'il connaissait ça ;
A l'instant où ce jobard
Largement en prend sa part,]

Faisant chorus son laquais,
Dit aussi : « Je suis Français ! »
Tel qui contre la noblesse
Déclame en vrai jacobin,
Ferait plus d'une bassesse
Pour avoir un parchemin.
Combien de frondeurs moraux
Qui seraient moins libéraux,
Si le Roi les avait faits
Ou ministres ou préfets !
L'avenir me désespère.
Je crains d'aller sans souliers,
Depuis que je vois Voltaire
Dans les mains des cordonniers.
Des impôts un jour chez nous
Si l'on dégrève les fous,
Je ne sais trop qui paira
Le budget *et cœtera*.
La politique, mes frères,
Nous met l'esprit à l'envers.
Grâce au siècle des lumières,
Nous voyons tout de travers.

Le chevalier de Saint-Denis.

RONDE DE FIORELLA.

Après la richesse,
Joyeux pélerin,
Moi, je cours sans cesse,
Et je cours en vain;
Quoique la coquette
M'échappe souvent,
Gaîment je répète
En la poursuivant :
  Espérance,
  Confiance,
C'est le refrain
Du pélerin.

En route on s'ennuie,
Il faut être deux !
Que fille jolie
Paraisse à mes yeux,
Quoique l' mariage
Ait maint accident,
J' tente le voyage,
En disant gaîment :
  Espérance, etc.

Je crois que ma belle,
M'aimant constamment,
Me sera fidèle;
Et, chemin faisant,
Si de bons apôtres
En sont amoureux,
J' dirai comm' tant d'autres,
En fermant les yeux :

Espérance,
Confiance,
C'est le refrain
Du pélerin.

SCRIBE.

GOTTON.

Air : *Des cancans.*

Deux vieilles disaient tout bas :
Belzébuth prend ses ébats.
Voyez en robe, en manteau,
Gotton servante au château.
　C'est par-ci, c'est par-là,
Trala, trala, tralala,
　C'est par-ci, c'est par-là,
C'est le diable en falbala.

　Son maître est jouet d'un sort.
Oui, de l'enfer elle sort.
Gageons que son brodequin
Nous cache un pied de bouquin.
　C'est par-ci, c'est par-là,
Trala, trala, tralala.
　C'est par-ci, c'est par-là,
C'est le diable en falbala.

　Au vieux baron dès qu'elle eut
Fait abjurer son salut ;
Gotton, rouge de bonheur,
Se créa dame d'honneur.
　C'est par-ci, c'est par-là,
Trala, trala, tralala.
　C'est par-ci, c'est par-là,
C'est le diable en falbala.

　Bien que le chemin soit long

De la cuisine au salon,
J'en viens, dit-elle, à mes fins;
Dormons tard dans des draps fins.
 C'est par-ci, c'est par-là !
Trala, trala, tralala.
 C'est par-ci, c'est par-là,
C'est le diable en falbala.

Depuis lors, certain valet,
N'ouvrant qu'un coin du volet,
Au lit, d'un air échauffé,
Porte à Gotton son café.
 C'est par-ci, c'est par-là,
Trala, trala, tralala.
 C'est par-ci, c'est par-là,
C'est le diable en falbala.

Au château tout empâtés,
Que d'ânes elle a bâtés !
Notre maître, qui l'a fait ?
Gotton et le sous-préfet.
 C'est par-ci, c'est par-là,
Trala, trala, tralala.
 C'est par-ci, c'est par-là,
C'est le diable en falbala.

A l'église, Dieu ! quel ton !
Suisse, au banc menez Gotton,
Pour lorgner le sacripant
Qu'elle-même a fait serpent.
 C'est par-ci, c'est par-là,
Trala, trala, tralala.
 C'est par-ci, c'est par-là,
C'est le diable en falbala.

Mais quoi ! l'infâme, aux jours gras,
Du beau curé prend le bras;

L'appelle petit coquin,
Et l'habille en Arlequin !
   C'est par-ci, c'est par-là ;
Trala, trala, tralala.
   C'est par-ci, c'est par-là ;
C'est le diable en falbala.

   Elle a tout : meubles, chevaux ;
Bals, festins, atours nouveaux ;
Riche, on l'accueille en tout lieu.
Puis, courez donc prier Dieu !
   C'est par-ci, c'est par-là,
Trala, trala, tralala.
   C'est par-ci, c'est par-là,
C'est le diable en falbala.

   L'enfer donne à ses suppôts
Trésors, plaisirs et repos.
J'en conclus qu'il est écrit
Que Gotton est l'Antechrist.
   C'est par-ci, c'est par-là ;
Trala, trala, tralala.
   C'est par-ci, c'est par-là ;
C'est le diable en falbala.

BÉRANGER.

JACQUE ET MARIE,

ROMANCE.

Jacque adorait Marie
Qui l'aimait tendrement ;
De s'aimer pour la vie
Ils avaient fait serment ;
Un seigneur au village
Sur le soir arriva ;
Vit la fillette sage,
Et soudain l'enleva.
Eh bien! eh bien ! malgré cela
La pauvre fille répéta:
La contrainte la plus cruelle
  Ne peut donner de l'amour...
Jacque, je te serai fidèle
  Jusqu'à mon dernier jour.

  De la pauvre Marie ;
Hélas! dans le canton
L'affreuse calomnie
Détruisit le renom ;
Mais le seigneur honnête
D'un moyen s'avisa ;
Il aimait la pauvrette,
Et bientôt l'épousa...

Et bien! etc.

Le seigneur à la guerre,
Comme un simple soldat,
Termina sa carrière
Pour son roi, pour l'état ;
Mais en perdant la vie
Il resta son soutien ;
A la pauvre Marie
Il donna tout son bien...
Combien Marie alors pleura !
Mais bientôt elle répéta :
La contrainte la plus cruelle
Ne peut donner de l'amour...
Jacque, je te serai fidèle
Jusqu'à mon dernier jour.

THÉAULON.

COLIBRI.

Air : *Garde à vous.*

Mes amis,
J'ai soumis
L'enfer à ma puissance.
De son obéissance
J'ai pour gage certain
    Un lutin.   (*bis.*)
Sous forme d'oiseau-mouche
A mon chevet il couche.
Lutin doux et chéri,
Baisez moi, Colibri.
    Colibri !   (*ter.*)

    S'éveillant,
    Babillant,
Au jour qui naît et brille,
Son petit corps scintille
D'émeraude et d'azur,
    Et d'or pur.
Fleur qui cherche sa tige,
Le voilà qui voltige :
L'aurore en a souri.
Baisez-moi, Colibri.]
    Colibri !

    Je le vois,
    A ma voix,
Voler vers qui l'implore.
Ses ailes font éclore
Richesse, honneurs, amours
    Et beaux jours.

Quelque soi qui m'embrase,
Il peut remplir le vase
Que ma bouche a tari.
Baisez-moi, Colibri.
  Colibri !

  Je puis voir
  Son pouvoir
Franchir l'espace et l'onde ;
Du Pérou, de Golconde
M'apporter, dans nos ports,
  Les trésors.
Mais, non ; point d'opulence,
Quand un peuple en silence
Souffre et meurt sans abri.
Baisez-moi, Colibri.
  Colibri !

  Je puis voir
  Son pouvoir
Me donner des couronnes ;
Des palais à colonnes,
Des gardes et l'amour
  D'une Cour.
Mais, non ; j'en sais l'histoire :
Le monde à tant de gloire,
De douleur pousse un cri.
Baisez-moi, Colibri.
  Colibri !

  Demandons
  Pour seuls dons,
Simple toit, portes closes ;
Des chants, du vin, des roses,
Et la paix d'un reclus,
  Rien de plus.
Mon paradis s'arrange ;
Dieux ! et l'oiseau se change
En piquante houri.

Baisez-moi, Colibri.
Colibri!
Colibri!
Colibri!

BÉRANGER.

LES COULEURS.

CHANSON.

Air : *On dit que je suis un novice.*

Depuis long-temps on voit en France,
Des gens crier à toute outrance,
Dans nos succès, dans nos malheurs,
Vivat! pour toutes les couleurs.
Les imiter est profitable :
Après un repas délectable,
Amis, en chœur, poussons ces cris :
Vivent les gris! vivent les gris!

Que j'aime les beaux yeux des femmes!...
Pour lancer d'éclatantes flammes,
Régner aux salons, aux boudoirs,
Vivent les noirs! vivent les noirs!
Et, dans une amoureuse ivresse,
Quand leurs regards, pleins de tendresse,
Sont purs comme l'azur des cieux.
Vivent les bleus! vivent les bleus!

En sablant les vins de Bourgogne,
Les vins fameux de la Gascogne,
Et ceux de cent autres cantons,
Vivent les rouges, s'ils sont bons !
Et, quand la Folie accompagne
Les pétillans vins de Champagne,
S'ils sont bien mousseux et bien francs,
Vivent les blancs ! vivent les blancs !

Mais quand l'Amitié nous rassemble,
Pour la goûter long-temps ensemble,
Toujours unis, joyeux lurons,
Vivent les bruns ! vivent les blonds !
Que sans chagrins, sans humeur noire,
Le Temps allonge notre histoire !
Vieux, nous chanterons à grands cris :
Vivent les gris ! vivent les gris !

L. FAUCHON.

LA PEINE ET LE PLAISIR.

CHANSON.

Air : *De la Robe et des bottes.*

Je plains celui que la Fortune
Combla toujours de sa faveur ;
Une jouissance importune
Glisse, sans attrait, sur son cœur.
L'art de jouir est un mystère
Caché sous les pas du désir :
A la cour, au Pinde, à Cythère ;
La peine conduit au plaisir.

Enfant gâté de ma grand'mère,
Quand j'avais pu conduire à fin
Une page de ma grammaire,
On m'envoyait chez Séraphin ;
On calmait ma moindre souffrance
Par un bonbon, par un *plaisir* ;
Ainsi j'appris que dès l'enfance
La peine conduit au plaisir.

Blasé sur les biens de la vie,
Mars j'engage mon destin ;
Mais la liberté m'est ravie :
Je languis sur un bord lointain :
Je reviens pauvre en ma patrie,
Et je bois, dans un doux loisir,
Pour du nectar le vin de Brie.
La peine conduit au plaisir.

A l'hôpital, en Westphalie,
Je croyais terminer mes jours ;
Mais une sœur jeune et jolie
Me prodigua tendres secours :
Un mot d'amour, une caresse,
Du mal chassant le souvenir,
Me faisaient dire avec ivresse :
La peine conduit au plaisir.

Pour voir les acteurs pleins de charmes
Que Paris admire et chérit,
Aux éperons des bons gendarmes
Je laisse un pan de mon habit ;
Au parterre j'arrive en veste ;
Mais je dis : Je vais applaudir
Célimène, Hermione, Oreste.
La peine conduit au plaisir.

De la naïve et jeune Adèle
Hier j'obtins l'aveu charmant ;
Et le soir j'oubliai près d'elle
Deux ans d'ennuis en un moment.
L'incarnat de son beau visage,
Chaque larme, chaque soupir,
Me rappelaient mon vieil adage :
La peine conduit au plaisir.

Moi qui n'eus jamais la recette
D'improviser de jolis vers,
Quinze jours pour cette bluette
Je me mis l'esprit à l'envers.
Mais si l'indulgence propice
Daigne quelque jour m'applaudir,
Je pourrai dire avec justice :
La peine conduit au plaisir.

CAMILLE.

ÉMILE DEBRAUX.

CHANSON-PROSPECTUS POUR LES OEUVRES DE CE

CHANSONNIER.

Air : *Dis-moi, soldat, t'en souviens-tu ?*

Le pauvre Émile a passé comme une ombre,
Ombre joyeuse et chère aux bons vivans,
Les gais refrains vous égalent en nombre,
Fleurs d'acacia qu'éparpillent les vents.
Debraux, dix ans, régna sur la goguette,
Mit l'orgue en train et les chœurs des faubourgs,
Et roulant, roi, de guinguette en guinguette,
Du pauvre peuple il chanta les amours.

Toujours enfant, gai jusqu'à faire envie,
En étourdi vers le plaisir poussé ;
Pouffant de rire à voir couler sa vie
Comme le vin d'un tonneau défoncé ;
Sifflant le sot sous les croix qu'il découvre,
Ou sur son char le grand mal affermi ;
Sans s'informer par où l'on monte au Louvre,
Du pauvre peuple il est resté l'ami..

Mais, dites-vous, il avait donc des rentes?
Eh ! non, Messieurs ; il logeait au grenier.
Le temps, au bruit des fêtes enivrantes,
Râpait, râpait l'habit du chansonnier.
Venait l'hiver ; le bois manquait à l'âtre,
La vitre, au nord, étincelait de fleurs ;
Il grelottait, mais sa muse folâtre
Du pauvre peuple allait sécher les pleurs.

De l'œil des rois on a compté les larmes;
Les yeux du peuple ont trop vu pour cela.
La France alors pleurait l'éclat des armes
Et les grandeurs dont le cours l'ébranla.
Ta voix, Émile, évoquant notre histoire,
Du cabaret ennoblit les échos.
C'était l'asile où se cachait la gloire.
Le pauvre peuple aime tant les héros!

Bien jeune, hélas! il descend dans la fosse.
Je l'ai conduit où vieux j'irai demain.
Chantant au loin, des buveurs à voix fausse,
Aux noirs pensers m'arrachaient en chemin.
C'étaient ses chants que disait leur ivresse,
Chants que leurs fils sauront bien rajeunir.
De son passage est-il un roi qui laisse
Au pauvre peuple un si doux souvenir?

De sa famille allégez l'indigence;
Riches et grands, achetez ce recueil.
A tant d'esprit passez la négligence:
Ah! du talent le besoin est l'écueil.
Ne soyez point ingrats pour nos musettes;
Songez aux maux que nous adoucissons.
Pour s'en tenir au lot que vous lui faites,
Le pauvre peuple a besoin de chansons.

BÉRANGER.

LE JEUNE SOLDAT.

CHANSONNETTE.

Air à faire.

Ne v'là que six mois
Que j' port' l'uniforme,
Et les plus sournois
Disent qne j' me forme.
Je n' suis plus c' Jean-Jean
Qu'on trouvait si bête ;
A tabl' j'ai d' la tête
J' bats un rataplan,
J' fais du bruit comm' quatre,
Pour un rien j' veux m' battre,
Aussi l' mond' dit-il
Que j' suis ben gentil.

Pour marcher au pas
J' n'ons plus la têt' dure,
J'arrondis les bras,
Je prends d' la tournure ;
Je tends le jarret,
Et quand je m' dandine,
Dieux ! que j'ai bonn' mine,
Avec mon briquet !
Je valse avec grâces ;
Je sais fair' des passes ;
Aussi l' mond' dit-il
Que j' suis ben gentil.

Quand le régiment
Pass' dans un village,
J' sais en un moment
Mett' tout au pillage.
Poulets et dindons,
Je vous prends en traître;
On n' voit plus r'paraître
Ceux que j' attrapons.
Si l'on me querelle,
Je cass' la vaisselle;
Aussi l' mond' dit-il
Que j' suis ben gentil.

Auprès d'un tendron
D' figure agaçante,
Comm' un franc luron
D'abord j' me présente :
J' dis : V'nez donc causer,
Jeun' particulière;
Je suis militaire;
I' m' faut un baiser...
La jeune personne répond en tournant de l'œil.
« J' n'en donn' qu'à ceux qu' j'aime... »
Moi, j'avanc' tout d' même!
Aussi l' mond' dit-il
Que j' suis ben gentil.

En passant cheux nous
Ai-je fait le diable,
Ils ont ben vu tous
Comm' j'étais aimable!
Avec un r'cruteur
J'ai bu l'vin d'ma tante;
Avec sa servante
J'ai fait l' séducteur.
J'ai mangé, j'espère,
Tout l'argent d' mon père !
Aussi l' mond' dit-il
Que j' suis ben gentil.

Ch. Paul DE KOCK.

LA TANTE MARGUERITE.

Air : *Fidèle époux, franc militaire.*

Ma vieille Marguerite
Qui touche à ses quatre-vingts ans,
Me dit toujours : « Pauvre petite !
« Craignez les propos séduisans :
« Fillette doit fuir au plus vite,
« Quand un garçon lui fait la cour....
— Ah vieille tante Marguerite ;
Vous n'entendez rien à l'amour.

Eh quoi ! lorsque dans la prairie,
On me dira bien poliment
Que je suis aimable et jolie,
Faudra-t-il me fâcher vraiment !
Un beau berger, si je l'irrite,
Prendrait de l'humeur à son tour.
Ah ! vieille tante Marguerite !
Vous n'entendez rien à l'amour.

Toutes les filles de mon âge
En cachette écoutent déjà
Des garçons le tendre langage :
Je ne vois pas grand mal à ça.
Ma tante veut qu'on les évite ;
Moi, je répondrai chaque jour :
Ah, vieille tante Marguerite !
Vous n'entendez rien à l'amour.

Et l'innocente, un soir seulette,
Fit la rencontre de Colin,
Qui d'abord lui conta fleurette,
Puis l'égara de son chemin :

Si bien que la pauvre petite
N'osait plus dire à son retour :
Ah ! vieille tante Marguerite,
Vous n'entendez rien à l'amour !

Silvain BLOT.

L'ANGELUS.

Air : *De Romagnési.*

L'ermite du hameau voisin
Disait souvent aux bergerettes :
« Pour éloigner l'esprit malin
« Ma cloche a des vertus secrètes ;
« N'ayez recours aux *oremus*,
« S'il se met à votre poursuite ;
« Lorsque sonnera l'*angelus*,
« Vous le verrez prendre la fuite. »

Annette qui croyait cela,
Sans crainte aux champs allait seulette ;
Lucas survient et le voilà
Qui veut égarer la pauvrette :
« Viens, disait-il, ces bois touffus
Nous offrent un si doux ombrage. »
Par bonheur sonna l'*angelus*,
Annette revint au village.

Au même lieu, le lendemain,
L'orage gronda sur sa tête ;
Elle fuyait... lorsque soudain
Lucas s'offrit aux yeux d'Annette.
Bientôt Annette ne fuit plus ;
Jamais Lucas ne fut si tendre ;
Vainement sonna l'*angelus*,
L'orage empêcha de l'entendre.

Depuis ce jour elle gémit,
Car Lucas devint infidèle;
Souvent en pleurant elle dit
Aux bergères simples comme elle :
« A l'ermite ne croyez plus,
« Et si vous voulez être sages,
« Ne vous fiez à l'*angelus*;
« Mais craignez les bois et l'orage. »

Justin GENSOUL.

LE RÊVE FÉODAL.

Air : *A la façon de Barbari.*

Intendant, valets et chevaux,
   Partez en diligence;
A mes imbéciles vassaux
   Annoncez ma présence !
On m'a rendu mon bien, mon nom,
La faridondaine, la faridondon,
Au castel je rentre aujourd'hui,
   Biribi!...
A la façon de Barbari,
   Mon ami.

Que l'on se presse autour de moi;
   Que l'on me complimente;
Plus noble cent fois que le roi,
   Je veux que l'on me vante;
De mes aïeux j'ai le renom,
   La faridondaine, la faridondon,
On le connaît... chez l'ennemi,
   Biribi....
A la façon de Barbari,
   Mon ami.

Surtout, monsieur mon intendant,
    Evitez mes reproches :
Faites dans l'arrondissement
    Sonner toutes les cloches :
Si vous avez même un canon,
La faridondaine, la faridondon,
Je permets qu'on le tire aussi,
    Biribi...
A la façon de Barbari,
    Mon ami.

Que le bedeau, le sacristain,
    Entonnent la prière :
Que les rosières, cierge en main,
    Entourent ma bannière :
Que les chantres, à l'unisson,
La faridondaine, la faridondon,
Chantent le *Gloria Patri*,
    Biribi...
A la façon de Barbari,
    Mon ami.

Pour mieux célébrer mon retour,
    Je défends qu'on lésine,
Proclamez au son du tambour
    Qu'il faut qu'on illumine ;
Que tout le monde ait un lampion,
La faridondaine, la faridondon,
Car j'aime à m'éclairer ainsi,
    Biribi....
A la façon de Barbari,
    Mon ami.

Publiez surtout qu'en ces lieux
    J'exige qu'on s'amuse :
Notez comme séditieux
    Quiconque s'y refuse :
Je ferai jeter en prison,

La faridondaine, la faridondon ;
Tous les gens qui n'auront pas ri,
　　Biribi....
A la façon de Barbari,
　　Mon ami.

Qu'on danse la nuit au château :
　　Qu'au lever de l'aurore,
Chacun regagnant son hameau
　　Gaîment répète encore :
« Peut-on voir un meilleur baron ?»
La faridondaine, la faridondon ;
Il peut compter sur notre appui,
　　Biribi....
A la façon de Barbari,
　　Mon ami.

Pour chômer dans tous les pays
　　Ce jour rempli de charmes,
Vous emmenerez de Paris
　　Cinq ou six bons gendarmes :
Sans eux dans les fêtes, dit-on,
La faridondaine, la faridondon ;
On ne s'amuse qu'à demi,
　　Biribi...
A la façon de Barbari,
　　Mon ami.

W. LAFONTAINE.

VA COMME J'TE POUSSE.

Air : *Du pas redoublé.*

Il me faut un bonheur certain ;
   Et jamais je n'oublie
Ces mots que m'a dit le Destin
   En me donnant la vie :
« Pour faire gaiment ton chemin,
   » Suis une pente douce ;
» Sois franc, sois juste, sois humain,
   « Et va... comme j'te pousse. »

Que je plains ces évaporés
   Dont l'univers abonde,
Qui portés sur des chars dorés,
   Se poussent dans le monde !
O Fortune, un rien te séduit,
   Mais un rien te courrouce !
Laisse-moi cheminer sans bruit,
   Et va... comme j'te pousse.

Soleil, je n'ai pas le pouvoir
   De régler ta carrière,
Et je me borne à recevoir
   Tes feux et ta lumière ;
Tiens, fais pousser pour les amours
   Le gazon et la mousse ;
Fais pousser la vigne toujours...
   Et va... comme j'te pousse.

Vénus, à ta charmante loi
  Mon cœur n'est point rebelle ;
Je me sens, presque malgré moi,
  Brûler pour chaque belle,
Brune ou blonde... pourvu pourtant
  Qu'elle ne soit pas rousse,
Je pousse ma pointe en chantant,
  Et va... comme j'te pousse.

J'aime le vin du bon endroit ;
  Surtout le vin qui mousse ;
Mais sous la main d'un maladroit
  Il fuit et m'éclabousse.
Bon champagne, pour m'égayer,
  Je te presse du pouce,
Je te lance dans mon gosier,
  Et va... comme j'te pousse.

Il faudra bien que sans respect
  La Parque un jour me trousse ;
Mais croyez-vous qu'à son aspect
  Mon courage s'émousse ?
Le sage, prêt à s'endormir,
  Sans peine et sans secousse,
Se dit : La mort n'est qu'un soupir.
  Et va... comme j'te pousse.

Armand Gouffé

L'AMANTE ABANDONNÉE.

Air : *De mon berger volage.*

 Une jeune bergère,
Les yeux baignés de pleurs,
A l'écho solitaire,
Confiait ses douleurs :
Hélas ! loin d'un parjure
Où vais-je recourir !
Tout me trahit dans la nature,
Je n'ai plus qu'à mourir.

 Est-ce là ce bocage
Où j'entendais sa voix ?
Ce tilleul dont l'ombrage
Nous servit tant de fois ?
Cet asile champêtre
En vain va refleurir :
O doux printemps, tu viens de naître,
Et moi je vais mourir.

 Que de soins le perfide
Prenait pour me charmer !
Comme il était timide
En commençant d'aimer !
C'était pour me surprendre
Qu'il semblait me chérir,
Ah ! fallait-il être si tendre
Pour me faire mourir.

Autrefois sa musette
Soupirait nos ardeurs :
Il parait ma houlette
De rubans et de fleurs.
A des beautés nouvelles
L'ingrat va les offrir;
Et je l'entends chanter pour elles
Quand il me fait mourir.

Viens voir couler mes larmes
Sur ce même gazon ,
Où l'amour par ses charmes
Egara ma raison.
Si dans ce lieu funeste
Rien ne peut l'attendrir ,
Adieu, parjure : un bien me reste ,
C'est l'espoir de mourir.

Un jour viendra peut-être
Que tu n'aimeras plus ;
Alors , je ferai naître
Tes regrets superflus ;
Tu verras mon image ,
Tu m'entendras gémir :
Tu te plaindras , berger volage ,
De m'avoir fait mourir !

LÉONARD.

LE ROI DES PLAISIRS

ET LE PLAISIR DES ROIS.

Air *connu.*

Sous des lambris où l'or éclate,
Fouler la pourpre et l'écarlate,
Sur un trône dicter des lois ;
    C'est le plaisir des rois.
Sur la fougère et sur l'herbette,
Lire dans les yeux de Lisette
Qu'elle est sensible à nos soupirs,
    C'est le roi (*bis*) des plaisirs. (*bis*)

Quelque part où l'on se transporte,
Être entouré d'une cohorte,
Voir des curieux jusques aux toits ;
    C'est le plaisir des rois.
Quand on voyage avec Sylvie,
N'avoir pour toute compagnie
Que les amours et les zéphirs,
    C'est le roi des plaisirs.

Posséder des trésors immenses,
Briller par de riches dépenses,
Commander et donner des lois,
    C'est le plaisir des rois.
Toucher l'objet qui sait nous plaire,
Par un retour tendre et sincère
Le voir sensible à nos désirs ;
    C'est le roi des plaisirs.

Agir et commander en maître ;
Avec la poudre et le salpêtre
Fortement appuyer ses droits,
　　C'est le plaisir des rois.
Quand le tendre enfant nous couronne ,
Tenir du cœur ce qu'on nous donne ,
Ne rien devoir qu'aux doux soupirs ;
　　C'est le roi des plaisirs.

Des plus beaux bijoux de l'Asie
Parer une beauté chérie ,
En charger sa tête et ses doigts ,
　　C'est le plaisir des rois.
Voir une petite fleurette :
Toucher plus le cœur de Nanette
Que perles, rubis et saphirs,
　　C'est le roi des plaisirs.

Quand on est heureux à la guerre ,
En informer toute la terre ,
Publier partout ses exploits ,
　　C'est le plaisir des rois.
Lorsque l'amour nous récompense ,
Goûter dans l'ombre et le silence
Le fruits de nos tendres soupirs ,
　　C'est le roi des plaisirs.

Avec une meute bruyante,
Remplir les forêts d'épouvante ;
Réduire des cerfs aux abois ,
　　C'est le plaisir des rois.
Avec une troupe choisie
Chasser à grands coups d'ambroisie
La douleur et les vains soupirs ,
　　C'est le roi des plaisirs.

Donner dans une grande fête
Des concerts à rompre la tête ,
Où l'on entend mugir cent voix ;

C'est le plaisir des rois.
Dans un petit repas tranquille,
Par quelque gentil vaudeville,
Du cœur exprimer les désirs,
   C'est le roi des plaisirs.

A des flatteurs dont la souplesse
S'avilit jusqu'à la bassesse,
Donner souvent les beaux emplois,
   C'est le plaisir des rois.
Verre en main, près de ce qu'on aime,
Railler ceux qu'une erreur extrême
De l'ambition rend martyrs,
   C'est le roi (*bis*) des plaisirs. (*bis.*)

PANARD.

L'ORAGE.

[Air : *Il pleut, il pleut, bergère.*

Lise, entends-tu l'orage ?
Il gronde, l'air gémit...
Sauvons-nous au bocage.
Lise doute, et frémit...
Qu'un cœur faible est à plaindre
Dans ce double danger..!
C'est trop d'avoir à craindre
L'orage et son berger.

Mais cependant la foudre
Redouble ses éclats :
Que faire et que résoudre ?
Faut-il donc suivre Hylas !
De frayeur Lise atteinte
Va, vient fuit tour à tour :
On fait un pas par crainte,
Un autre par amour.

Lise au bosquet s'arrête,
Et n'ose y pénétrer :
Un coup de la tempête
Enfin l'y fait entrer.
La foudre au loin s'égare ;
On échappe à ses traits ;
Mais ceux qu'Amour prépare
Ne vous manquent jamais.

Ce dieu pendant l'orage
Profite des momens :
Caché dans le nuage
Son œil suit les amans.

Lise, de son asile
Sortit d'un air confus;
Le ciel devint tranquille ;
Son cœur ne l'était plus.

COLARDEAU.

LE MATIN.

Air : *Muse des bois et des accords champêtres.*

Voici le jour : des rayons de l'aurore
Allons tous deux jouir sur le côteau :
Vous êtes belle, et ce front que j'adore
S'épanouit aux feux d'un jour nouveau.
Alors qu'on aime, on est heureux de vivre ;
Eveillez-vous en souriant au jour.
Au doux espoir que votre cœur se livre ;
Jeune beauté doit veiller pour l'Amour.

Entendez-vous au loin dans la campagne
Tous les échos s'éveiller aux chansons ?
La liberté que l'Amour accompagne,
Creuse en chantant le berceau des moissons.
Ah ! si jamais la trompette ennemie
Osait encore insulter nos échos.
La liberté s'écrirait : O patrie !
Que les sillons enfantent les héros !

En souriant vous ouvrez la paupière,
Et de vos yeux je vois briller l'azur ;
Que l'Éternel exauce ma prière,
Sur vous le ciel brillera toujours pur.
Bientôt mon front, qu'a flétri la tristesse,
Va s'obscurcir des ombres du trépas.
Vivez heureuse, ô ma belle maîtresse ;
La liberté, l'amour ne meurent pas.

Dans les vallons de notre belle France
Vont retentir des accens glorieux.
A vous encor sourira l'espérance,
Moi, pour jamais j'aurai fermé les yeux ;
Au vieil ami de votre premier âge,
Gardez au moins un tendre souvenir.
Quand de nos bois jaunira le feuillage
A son tombeau réservez un soupir.

PILET.

LA BERGÈRE.

Air : *J'aime le mot pour rire.*

Dans de riches appartemens
On a vingt meubles différens ;
　Un seul m'est nécessaire ;
Mieux qu'avec un sopha doré,
Mon petit réduit est paré,
　D'une simple bergère.

L'étoffe en est d'un blanc satin ;
Elle a de la fleur du matin
　La fraîcheur printannière :
Le lustre en est aussi parfait
Que le premier jour que j'ai fait
　L'essai de ma bergère.

Dans ses contours bien arrondis,
Entre deux coussins rebondis,
　Mon bonheur se resserre :
J'aime à m'y sentir à l'étroit ;
Et chaudement, quand il fait froid,
　Je suis dans ma bergère.

Le jour, la nuit sans embarras,
Joyeux, je goûte dans ses bras
　Un repos salutaire.
Avec délices je m'étends :
Ah ! quel plaisir quand je me sens
　Au fond de ma bergère.

Je n'en sors qu'avec des regrets.
Souvent j'y rentre, et j'y voudrais
   Passer ma vie entière.
Je lui sais plus d'un amateur,
Mais c'est moi seul qui, par bonheur,
Me sers de ma bergère.

BOUFFLERS.

PONIATOWSKI.

JUILLET 1831.

Air : *Des trois couleurs.*

Quoi ! vous fuyez, vous, les vainqueurs du monde !
Devant Leipzick le sort s'est-il mépris ?
Quoi ! vous fuyez ! et ce fleuve qui gronde,
D'un pont qui saute emporte les débris !..
Soldats, chevaux, pêle-mêle, et les armes,
Tout tombe là ; l'Elster roule entravé.
Il roule sourd aux vœux, aux cris, aux larmes ;
« Rien qu'une main, (*bis.*) Français, je suis sauvé ! »

  « Rien qu'une main ? malheur à qui l'implore !
« Passons, passons. S'arrêter ! et pour qui ? »
Pour un héros que le fleuve dévore :
Blessé trois fois ; c'est Poniatowski.
Qu'importe ! on fuit. La frayeur rend barbare.
A pas un cœur son cri n'est arrivé.
De son coursier le torrent le sépare :
« Rien qu'une main, Français, je suis sauvé ! »

Il va périr ; non ; il lutte, il surnage ;
Il se rattache aux longs crins du coursier.
« Mourir noyé ! dit-il, lorsqu'au rivage
« J'entends le feu, je vois luire l'acier !
« Frères, à moi ! vous vantiez ma vaillance.
« Je vous chéris, mon sang l'a bien prouvé.
« Ah ! qu'il m'en reste à verser pour la France !
« Rien qu'une main ; Français, je suis sauvé ! »

Point de secours ! et sa main défaillante
Lâche son guide : adieu, Pologne, adieu !
Mais un doux rêve, une image brillante
Dans son esprit descend du sein de Dieu.
« Que vois-je ? enfin, l'aigle blanc se réveille,
« Vole, combat, de sang russe abreuvé.
« Un chant de gloire éclate à mon oreille.
« Rien qu'une main, Français, je suis sauvé ! »

Point de secours ! il n'est plus, et la rive
Voit l'ennemi camper dans ses roseaux.
Ces temps sont loin, mais une voix plaintive
Dans l'ombre encore appelle au fond des eaux.
Et depuis peu (grand Dieu, fais qu'on me croie !)
Jusques au ciel son cri s'est élevé.
Pourquoi ce cri que le ciel nous renvoie :
« Rien qu'une main, Français, je suis sauvé ! »

C'est la Pologne et son peuple fidèle
Qui tant de fois a pour nous combattu.
Elle se noie au sang qui coule d'elle,
Sang qui s'épuise en gardant sa vertu :
Comme ce chef mort pour notre patrie,
Corps en lambeau dans l'Elster retrouvé,
Au bord du gouffre un peuple entier nous crie :
« Rien qu'une main, Français, je suis sauvé ! »

BÉRANGER.

DORER LA PILULE.

Air : *Regard vif et joli maintien.*

Amis, je le déclare net,
Toute pilule purgative,
Nous vint-elle de chez Cadet,
Me verra sur la négative.
Je les aime quand on les fait
De pâte fine ou de fécules,
Et je prétends, en vrai gourmet,
Que ce soit Balaine ou Rouget
Qui dore toujours (*bis*) mes pilules.

Quand le malin esprit tenta
La femme, d'orgueil enivrée,
Le fin matois lui présenta
Une pomme jaune et dorée ;
Le fruit dont il la régala
Fit taire en elle tout scrupule,
Et par sa couleur on verra
Qu'à la beauté, dès ce temps-là,
Le diable dorait (*bis*) la pilule.

Quelle pilule, un opéra !
Chaque fois que l'on m'en régale ;
Par la douce vertu qu'elle a,
C'est en dormant que je l'avale.
De l'Amour écoutant la voix,
Qu'une vestale capitule
Et se rende à ses douces lois,
Je veille alors, car cette fois
L'esprit a doré (*bis*) la pilule.

Du mot d'amour dit tout crûment
La prude Lise est offensée.
« Monsieur, dit-elle à son amant,
« Gazez du moins votre pensée. »
Dans son cœur, hélas ! chaque jour
Il survient un nouveau scrupule :
Jamais, j'en conviens sans détour,
Il ne faut lui parler d'amour
Sans avoir doré (*bis*) la pilule.

D'un Français l'audace me plaît :
Avec une ardeur sans égale,
Il vole au devant d'un boulet,
Ou d'une bombe, ou d'une balle :
Qu'il les reçoive tour à tour,
Jamais d'un pas il ne recule :
Au son du fifre et du tambour,
La gloire avec cinq sous par jour
A doré pour lui (*bis*) la pilule.

Si je n'arrêtais mon essor,
Poursuivant ce gai badinage ;
De plus d'une pilule encor
Je pourrais vous faire l'hommage :
Mais j'en reste à ces couplets là.
Si ma chanson paraît utile,
Parmi les vôtres placez-la ;
Au maladroit qui la lira
Ce sera dorer (*bis*) la pilule.

Em. DUPATY.

LES GRENADIERS FRANÇAIS.

Air : *Du petit Matelot.*

Amis, chaque peuple en ce monde
A ses talens et son humeur :
L'Italie en chansons abonde :
Le Hollandais est bon fumeur ;
On boxe, on jure en Angleterre :
Le Suisse aime à boire à longs traits :
Mais pour l'amour et pour la guerre
Vivent les grenadiers français !

Faut-il brusquer une victoire,
Faut-il assaillir des remparts ?
Nos soldats, avides de gloire,
Se présentent de toutes parts ;
Mais à l'aspect de la grenade,
Heureux présage des succès !
Chacun dit à son camarade :
Honneur aux grennadiers français !

Vénus qui n'était point novice,
Au myrthe joignit le laurier,
Et de la céleste milice
Aima le premier grenadier.
Suivez cet exemple, mesdames,
Pour vous épargner des regrets.
Voulez-vous de constantes flammes ?
Aimez les grenadiers français.

A. JAY.

DÉLIRE BACHIQUE.

Air : *Du petit Matelot.*

Mes amis, nos coupes sont pleines :
L'écume en couronne les bords ;
Quel feu, circulant dans mes veines,
M'inspire de nouveaux transports !
Je vois Bacchus, je vois sa gloire :
Mon ivresse m'élève aux cieux ;
C'est Hébé qui me verse à boire ;
Je suis à la table des dieux.

Approche, joyeuse bacchante ;
L'œil en feu, les cheveux épars,
Viens redoubler l'ardeur brûlante
Que je puise dans tes regards ;
Verse d'un bras infatigable
Le pur nectar des immortels,
Je me contente de leur table,
Sans aspirer à leurs autels.

Vois dans sa marche vacillante
Silène qui, l'œil égaré,
Laisse aller sa tête tremblante
Que couronne un raisin doré ;
Il sourit, et sa bouche avide,
Dont la soif paraît s'irriter,
Appelle encor la coupe humide
Que sa main ne peut plus porter.

Qui de nous dans ces jours de fête
Peut compter sur un jour nouveau ?
Le lierre qui pare ma tête
Croîtra demain sur mon tombeau ;

Mais loin qu'une sombre tristesse
Précéde mon dernier sommeil ;
Je veux m'endormir dans l'ivresse
Et chanter encore au réveil.

Casimir DELAVIGNE.

DESCRIPTION DE L'OPÉRA.

Air : *Réveillez-vous belle endormie.*

J'ai vu Mars descendre en cadence :
J'ai vu des vols prompts et subtils ;
J'ai vu la justice en balance
Et qui ne tenait qu'à deux fils.

J'ai vu le soleil et la lune
Qui faisaient des discours en l'air ;
J'ai vu le terrible Neptune
Sortir tout frisé de la mer.

J'ai vu l'aimable Cythérée,
Aux doux regards, au teint fleuri,
Dans une machine entourée
D'amours natifs de Chambéri.

J'ai vu le maître du tonnerre,
Attentif au coup du sifflet,
Pour lancer ses feux sur la terre,
Attendre l'ordre d'un valet.

J'ai vu du ténébreux empire
Accourir, avec un pétard,
Cinquante lutins pour détruire
Un palais de papier brouillard.

J'ai vu des dragon fort traitables
Montrer les dents sans offenser ;
J'ai vu des poignards admirables
Tuer les gens sans les blesser.

J'ai vu l'amant d'une bergère ,
Lorsqu'elle dormait dans un bois ,
Prescrire aux oiseaux de se taire,
Et lui chanter à pleine voix.

J'ai vu la vertu dans un temple
Avec deux couches de carmin ,
Et son vertugadin très-ample,
Moraliser le genre humain.

J'ai vu des guerriers en alarmes
Les bras croisés et le corps droit ,
Crier cent fois : Courons aux armes ,
Et ne point bouger de l'endroit.

J'ai vu trotter, d'un air ingambe ,
De grands démons à cheveux bruns :
J'ai vu des morts friser la jambe ,
Comme s'ils n'étaient pas défunts.

J'ai vu , ce qu'on ne pourra croire ,
Des tritons , animaux marins ,
Pour danser , troquer leur nageoire
Contre une paire d'escarpins.

Dans des chaconnes et gavottes ,
J'ai vu des fleuves sautillans ;
J'ai vu danser deux matelottes,
Trois jeux , six plaisirs et deux vents.

Dans le char de monsieur son père ,
J'ai vu Phaéton tout tremblant,
Mettre en cendre la terre entière
Avec des rayons de fer-blanc.

J'ai vu Roland, dans sa colère,
Employer l'effort de son bras
Pour pouvoir arracher de terre
Des arbres qui n'y tenaient pas.

J'ai vu, par un destin bizarre,
Les héros de ce pays-là,
Se désespérer en bécarre,
Et rendre l'âme en la-mi-la.

J'ai vu plus d'un fier militaire
Se rendre digne du laurier,
Pour avoir étendu par terre
Des monstres de toile et d'osier.

J'ai vu Mercure, et ses quatre ailes,
Ne trouvant pas de sûreté,
Prendre encor de bonnes ficelles
Pour voiturer sa déité.

J'ai vu souvent une furie
Qui s'humanisait volontiers ;
J'ai vu l'enfer et tous les diables
A quinze pieds du paradis.

J'ai vu Diane en exercice
Courir le cerf avec ardeur ;
J'ai vu derrière la coulisse
Le gibier courir le chasseur.

PANARD.

CHANSON MILITAIRE.

Air : *Versez donc, mes amis, versez.*
Ou *Chantez, dansez, amusez-vous.*

    Voulez-vous suivre un bon conseil ?
Buvez avant que de combattre :
De sang froid je vaux mon pareil,
Mais quand j'ai bien bu j'en vaux quatre.
Versez donc, mes amis, versez,
Je n'en puis jamais boire assez.

    Comme ce vin tourne l'esprit,
Comme il vous change une personne !
Tel qui tremble s'il réfléchit
Fait trembler quand il déraisonne,
Versez donc, etc.

    Ma foi ! c'est un triste soldat
Que celui qui ne sait pas boire.
Il voit les dangers du combat :
Le buveur n'en voit que la gloire.
Versez donc, etc.

    Cet univers, oh ! c'est très-beau,
Mais pourquoi, dans ce bel ouvrage,
Le Seigneur a-t-il mis tant d'eau ?
Le vin me plairait davantage.
Versez donc, etc.

    S'il n'a pas fait un élément
De cette liqueur rubiconde,
Le Seigneur s'est montré prudent ;
Nous eussions desséché le monde.
Versez donc, mes amis, versez,
Je n'en puis jamais boire assez.

                               PILE

LA VRAIE SAGESSE.

Air : *Aux soins que je prends de ma gloire.*

   Il n'est que trop vrai, dans la vie,
Les plaisirs sont mêlés d'ennuis :
L'absinthe est près de l'ambroisie,
Et les jours sont voisins des nuits.
Des dieux la sagesse profonde
Ainsi régla tout ici-bas ;
C'est pour le plus grand bien du monde ;
Jouissons ne murmurons pas.

   Tel que la fille de Latone
Qui va, par l'ordre des destins,
Du palais où Jupiter tonne
Dans les enfers, chez les humains ;
Ainsi voit-on l'homme sans cesse,
Par un tourbillon emporté
Du doux plaisir à la tristesse,
Des noirs chagrins à la gaîté.

   Et bien laissons gronder l'orage,
Et méprisant les coups du sort,
Voguons, sans craindre le naufrage
Vivons sans redouter la mort.
Peut-être nous verrons éclore
Le plaisir du sein des douleurs,
Comme on voit des pleurs de l'Aurore
Naître les plus brillantes fleurs.

   Que nous importerait, Lesbie,
Des biens, des dignités d'un jour ?
Dormons doucement notre vie
Entre les plaisirs et l'amour !

Et si par fois un joli songe
Vient égayer notre sommeil ;
Bercés par ce flatteur mensonge
Différons l'instant du réveil.

Eugène SCRIBE.

CADET ET BABET.

Air : *Si le roi voulait m'donner.*

Un soir revenait Cadet,
  Ce n'est pas sa faute,
Tenant sous le bras Babet,
  La fille à notre hôte :
Un voleur saisit Cadet ;
Un voleur saisit Babet ;
C'est bien la faute du guet,
  Ce n'est pas leur faute

Un voleur rossait Cadet,
  Ce n'est pas sa faute :
Un voleur charmait Babet,
  La fille à notre hôte ;
Ça fit du mal à Cadet ;
Ça fit plaisir à Babet :
  C'est bien là faute, etc.

Ah ! quels coups, disait Cadet :
  Ce n'est pas sa faute.
Ah ! quel coup disait Babet ;
  La fille à notre hôte.
Je me meurs, disait Cadet,
Je me meurs, disait Babet ;
  C'est bien la faute, etc.

Au voleur ! criait Cadet ;
Ce n'est pas sa faute.
Cher voleur ! disait Babet,
La fille à notre hôte.
Je n'y reviens plus, Babet,
Moi, j'y reviendrai, Cadet ;
Car c'est la faute du guet,
Ce n'est pas ma faute.

COLLÉ.

MON BONHEUR.

Air : *Pégase est un cheval qui porte.*

Ma foi, j'aurais tort de me plaindre
Quand tout me dit d'être joyeux ;
A quoi sert d'espérer ou craindre,
Puisqu'ici tout est pour le mieux !
Si je pense à la politique,
Que de gloire, que de profit !
Je vis dans une république ;
Et je suis libre... à ce qu'on dit.

Si je sors, vingt fois dans la rue
L'on s'informe de ma santé ;
Bien poliment on me salue ;
De me voir on est enchanté ;
De plus maîtresse, que j'adore,
Bien sincèrement me chérit ;
Et puis quelle maîtresse, encore !
Elle est fidèle... à ce qu'on dit.

Si de l'orgueil j'ai la faiblesse,
J'ai bien de quoi me contenter ;
En tout lieu je trouve sans cesse,
Quelque sot qui vient me flatter ?
Je fais mille et mille distiques
Dont par hasard l'un réussit ;
On m'accable de cent critiques ;
C'est de l'honneur... à ce qu'on dit.

Il est vrai que j'avance en âge,
Et que par un sort affligeant,
Chaque jour trouve en mon ménage
Plus de soucis et moins d'argent,
Je vois s'enfuir à tire d'ailes
Amour, santé, plaisir, esprit ;
Mais qu'importent ces bagatelles ?
Je suis heureux...à ce qu'on dit.

Enfin, même en perdant la vie,
Lecteur, je n'aurai rien perdu ;
Un article nécrologie,
Vous apprendra que j'ai vécu ;
Mais la mort en coupant ma trame
Ne pourra rien sur mon esprit,
Et j'en rirai, puisque mon âme
Est immortelle, à ce qu'on dit.

HOFFMAN.

L'ABSENCE.

Air : *Je l'ai planté, etc.*

Je l'ai planté, je l'ai vu naître ;
Ce beau rosier où les oiseaux
Tous les matins sous la fenêtre
Viennent chanter des airs nouveaux.
Petits oiseaux, troupe amoureuse ;
Ah ! par pitié ne chantez pas :
L'amant qui me rendait heureuse
Est parti pour d'autres climats.

Pour les trésors d'un nouveau monde
Il fuit l'amour ! brave la mort.
Hélas ! pourquoi chercher sur l'onde
Le bonheur qu'il trouvait au bord ?
Vous, passagères hirondelles,
Qui revenez chaque printemps,
Oiseaux voyageurs, mais fidèles,
Ramenez-le moi tous les ans.

J.-J. Rousseau.

L'OCCASION MANQUÉE.

Air : *Ah ! mon Dieu, que je l'échappe belle.*

Ah ! maman, que je l'échappe belle !
Colin ce matin s'était glissé dans ma ruelle ;
Ah ! maman, que je l'échappe belle,
    Qu'on a bien raison
  De se méfier d'un garçon !

Il s'approche de moi sans rien dire ;
    Le fripon soudain
    Me prend la main :
    Je la retire,
Il sourit ; je gronde, il soupire ;
    Mais en soupirant,
Dieu ! qu'il avait l'air séduisant
Ah ! etc.

Il poursuit ; je m'étonne, il m'embrasse.
    Un prudent effort,
    De son transport
    Me débarrasse ;
Mais voyant redoubler son audace
    J'avais bien regret
De n'avoir pas mis de corset.
Ah ! etc.

Malgré moi, mon sein frappe sa vue ;
    Je le couvre en vain ;
    Il va plus loin :

J'en suis émue.
Deux mains, quand on est presque nue,
Nes suffisent pas
Pour voiler ce qu'on a d'appas.
Ah ! etc.

En tremblant je recule, il s'avance,
Le traître à l'instant,
D'un air content ;
Sur moi s'élance :
Son ardeur forçait ma résistance ;
Mais le suborneur
S'enfuit voyant venir ma sœur.
Ah ! maman, que je l'échappe belle !
Colin ce matin s'était glissé dans ma ruelle !
Ah ! maman, que je l'échappe belle
Qu'on a bien raison
De se méfier d'un garçon.

VADÉ.

JAMAIS ET POURTANT,

CONVERSATION QUE J'EUS L'AUTRE JOUR AVEC MADAME GERTRUDE.

Air : *Avec les jeux dans le village.*

Dites-moi, madame Gertrude,
Fûtes-vous belle en votre temps ?
—Jamais, me répondit la prude ;
La beauté perd les jeunes gens ;
Pourtant j'avais la peau tendue,
Mon œil n'était pas éraillé,
Même on prétend que l'on m'a vue
Ayant l'air assez éveillé.

Dites-moi, madame Gertrude,
Eûtes-vous jadis quelqu'amant ?
—Jamais, me répondit la prude ;
Aimer est un crime trop grand,
Pourtant on n'était pas de glace,
Lindor a voulu m'en conter,
Lindor avait beaucoup de grâce,
J'eus peine à ne pas l'écouter.

Dites-moi, madame Gertrude,
N'a-t-il jamais su vous toucher ?
—Jamais, me répondit la prude,
J'appréhendais trop de pécher.
Pourtant m'ayant un jour de fête
Demandé par grâce un baiser,
Séduite par son air honnête,
Je ne sus pas le refuser.

Dites-moi, madame Gertrude,
Ne succombâtes-vous jamais?
—Jamais, me répondit la prude,
Dieu sait la peur que j'en avais!
Pourtant certain soir de carême
Je l'appelai pour le prêcher;
Mais il prêcha si bien lui-même
Qu'il me fit, je crois, trébucher.

Dites-moi, madame Gertrude,
Avez-vous trébuché souvent?
— Jamais, me répondit la prude;
Si non dans ce fatal moment.
Pourtant au bout de la journée,
Quand j'allais au bois sommeiller,
J'étais souvent tout étonnée
Dans ses bras de me réveiller.

Dites-moi, madame Gertrude,
Trébucheriez-vous bien encor?
—Jamais, me répondit la prude;
J'aimerais cent fois mieux la mort:
Pourtant à quelque complaisance
S'il fallait pour vous consentir,
Je tâcherais avec décence
De contenter votre désir.

Dites-moi, madame Gertrude,
Du ciel est-ce là le chemin?
—Jamais, me répondit la prude,
Je n'en connus de plus certain.
—Ah! votre bonté me pénètre,
Répondis-je à ce propos-là;
Pourtant, si vous daignez permettre,
Je me sauverai sans cela.

CARNOT.

LES CARESSES.

Air : *Femmes, voulez-vous éprouver ?*

Et pour un cœur et pour les sens,
Une caresse est toujours chère ;
C'est le plus heureux des présens
Que le ciel avait pu nous faire.
Les carresses doivent charmer
Tout être fait pour la tendresse :
Pourrions-nous ne pas les aimer ?
Nous naissons tous d'une caresse.

Au sein d'un plaisir enchanteur,
Même quand la bouche est muette,
Pour doubler le prix du bonheur
Le plaisir veut un interprète :
Ah ! lorsque l'on sait bien aimer,
Plus éloquente en son ivresse,
Bouche qui ne peut s'exprimer
Nous dit tout par une caresse.

Ah ! combien j'aime à caresser
Une taille fine et jolie !
Combien ma bouche aime à presser
Le cou, le sein de ma Délie !
Vers son cœur que j'aime à pencher !
Des sens veut-on doubler l'ivresse
C'est dans le cœur qu'il faut chercher
Tout le charme d'une caresse.

Une caresse a mille attraits :
Mais la rose cache une épine ;
Quelquefois des plus doux bienfaits

On pare ceux qu'on assassine.
Oui, d'une caresse à son tour
La douceur est souvent traîtresse ;
Car le serpent, comme l'amour,
Naît de la plus douce caresse.

Em. DUPATY.

HYMNE A LA GAITÉ.

Air : *Fuyant et la ville et la cour.*

Dans l'âge heureux où des plaisirs
L'essaim brillant nous environne,
A la Gaîté, dans nos loisirs,
Amis, tressons une couronne.
Ce devoir si cher à nos cœurs,
Nous ne pouvons le méconnaître !
Comment lui refuser des fleurs
Quand sous nos pas elle en fait naître ?

De l'amour avec nos beaux ans,
L'illusion nous est ravie ;
Mais la Gaîté change en printemps
L'hiver même de notre vie.
Elle adoucit tous nos regrets
Par les plus riantes images,
Elle est enfin par ses bienfaits
La volupté de tous les âges.

L'homme que soutient la Gaîté,
Se rit du coup qui le menace ;
C'est d'elle aussi que la beauté,
Tient son coloris et sa grâce ;

De la Gaîté, le doux attrait
Embellit jusqu'à la sagesse :
De l'enfance elle est le hochet,
Et le bâton de la vieillesse.

Il n'est donné qu'à la vertu
D'éprouver son heureux délire :
Lorsque le cœur est corrompu
La bouche peut-elle sourire !
Cette aimable sérénité
De l'innocence est la parure...
Une belle âme sans gaîté
Serait un printemps sans verdure.

O Gaîté ! doux charme des cœurs,
A mon bonheur, toi qui présides,
Puisse un jour ta main sous les fleurs,
De mon front me cacher les rides !
Brillante des mêmes appas
Qui me charmaient à mon aurore,
Laisse-moi mourir dans tes bras,
Et je croirai jouir encore.

DÉSAUGIERS.

IL FAUT AIMER.

ROMANCE.

Air : *d'Alin et Alexis.*
Ou : *Quoi ! ma voisine, es tu fâchée.*

Vous qui de l'amoureuse ivresse
    Fuyez la loi ;
Approchez vous, belle jeunesse ;
    Ecoutez-moi.
Votre cœur a beau se défendre
    De s'enflammer ;
Le moment vient, il faut se rendre,
    Il faut aimer.

Hier au bois, ma chère Annette
    Prenait le frais ;
Elle chantait sur sa musette :
    N'aimons jamais.
M'approchant alors par derrière,
    Sans me nommer,
Je dis. Vous vous trompez, ma chère ;
    Il faut aimer.

En rougissant, la pastourelle
    Me répondit :
D'Amour la flèche est bien cruelle,
    On me l'a dit
A treize ans le cœur est trop tendre
    Pour s'enflammer :
C'est à vingt ans qu'il faut attendre
    Pour mieux aimer.

Lors je lui dis : La beauté passe
  Comme une fleur :
Un souffle bien souvent l'efface
  Dans sa fraîcheur ;
Rien ne peut, quand elle est flétrie,
  La ranimer :
C'est quand on est jeune et jolie
  Qu'il faut aimer.

Belle amie, à si douce atteinte
  Cédez un peu ;
Cet amour dont vous avez crainte
  N'est rien qu'un jeu.
Annette soupire et commence
  A s'alarmer :
Mais ses yeux m'avaient dit d'avance :
  Il faut aimer.

L'air était frais, l'instant propice,
  Le bois touffu.
Annette fuit, le pied lui glisse ;
  Tout est perdu.
L'Amour la couvrant de son aile
  Sut l'animer.
Hélas ! je vois trop, me dit-elle,
  Qu'il faut aimer.

Les oiseaux témoins de l'affaire
  Se baisaient mieux :
L'onde plus tard qu'à l'ordinaire
  Quittait ces lieux ;
Les roses s'empressaient d'éclore
  Pour embaumer,
Et l'écho répétait encore :
  Il faut aimer.

PARNY.

LES MAUX D'UNE JEUNE FILLE.

Air : *On compterait tous les diamans.*

Je voudrais bien vous raconter
Les maux d'une jeune fillette ;
Qui de vous pourra m'écouter,
Sans plaindre un peu cette pauvrette ?
Jeune tendre, avec des appas,
Elle gémit, elle soupire ;
Sachez donc... mais je n'ose pas,
Non, je n'ose pas vous le dire.

Elle aimait un jeune garçon,
Jeune garçon du voisinage :
Il aimait tendrement Lison;
C'étaient bien plaisirs de leur âge.
Ce berger s'appelait Lucas.
Voulant abréger son martyre,
Il lui fit... mais je n'ose pas,
Non, je n'ose pas vous le dire.

Il lui fit l'aveu d'un amour
Qu'il jurait être bien sincère,
Lison lui promit à son tour
Qu'elle ne serait point légère :
« Bergère, lui dit-il tout bas,
« Si tu ne veux qu'ici j'expire,
« Donne moi... » mais je n'ose pas,
Non, je n'ose pas vous le dire.

Donne-moi ce ruban heureux
Qui serre ton joli corsage ;
Donne-moi de tes beaux cheveux ;
Donne, si tu peux, davantage.

Tant donna la belle à Lucas
Qu'il fut forcé de se dédire.
Voilà pourquoi je n'osais pas,
Non, je n'osais pas vous le dire.

MARSOLLIER.

LA VEILLE, LE JOUR

ET LE LENDEMAIN.

Air : *J'ai vu partout dans mes voyages.*

Ces trois mots nous offrent l'emblême
De la course agile du Temps ;
Des dieux la sagesse suprême
Ainsi partagea nos instans.
Notre vie, hélas ! est pareille
Au jour ténébreux ou serein :
De ce jour l'enfance est la veille ;
La vieillesse le lendemain.

La veille, Amour vit d'espérance,
Le jour, Amour est satisfait ;
Le lendemain vient en silence
Le souvenir ou le regret,
Le Désir fatigué sommeille ;
Amans, tel est votre destin :
Vous êtes plus heureux la veille
Que le jour ou le lendemain.

Damis, avant le mariage,
Paraît tendre, empressé, soumis;
Le jour vient, dès qu'hymen l'engage
On ne reconnaît plus Damis :
Amour s'endort, soupçon s'éveille;
D'où vient ce changement soudain ?
C'est qu'il était amant la veille,
Qu'il est époux le lendemain.

Pour le méchant, dans la nature
Il n'est plus un seul jour serein;
Mais l'innocence calme et pure
Ne craint jamais le lendemain :
L'homme de bien, quand il sommeille,
Voit en songe sur son chemin
Les heureux qu'il a faits la veille,
Ceux qu'il fera le lendemain.

MILLEVOYE.

LE RÉVEIL MATIN.

Air : *Du ballet des Pierrots.*

Partout on se couche, on se lève ;
C'est toujours le même tableau,
Et souvent on n'achève un rêve
Que pour en former un nouveau.
L'amour, la guerre, le commerce,
Le goût des arts, l'appât du gain,
A Rome, en France, en Chine, en Perse,
Sont un fort bon réveil matin.

L'ami des champs ou de la chasse,
Du soleil attend le retour :
L'auteur, pour grimper au Parnasse,
Se met en route avant le jour :
Le berger quitte sa couchette,
Aux accens du coq libertin :
Pour moi, le chant d'une poulette
Est le meilleur réveil matin.

Existe-t-il une retraite
Inaccessible aux créanciers ?
Existe-t-il une sonnette
Que ne trouve point les huissiers ?
A-t-on vu femme douce et bonne
Qui parfois ne fût un lutin ?
Femme qui gronde, huissiers qui sonne,
Sont un fâcheux réveil matin.

Nos beautés, nos gens à la mode
Ne sauraient briller que la nuit ;
Aussi trouvent-ils fort commode
De fuir le grand jour qui leur nuit :
Ils dorment ne sachant que faire
Quand le soleil est dans son plein,
Et c'est le soir, pour l'ordinaire,
Que sonne le réveil matin.

Mes amis, voici ma morale :
Buvons dès que le jour nous luit ;
Pour être heureux sans intervalle,
Buvons encor quand il s'enfuit.
Couchons-nous le soir sous la treille
En chantant l'amour et le vin.
Et que le refrain de la veille
Nous serve de réveil matin.

Armand Gouffé.

LE PÉCHÉ DE PARESSE.

Air : *A confesse je suis allé.*

Tant que l'homme désirera
   Plaisirs, honneurs, richesse,
Pour les avoir il emploiera
   Courage esprit adresse ;
    Tout le relèvera,
      Larira,
   Du péché de paresse.

Une indolente qui n'aura
   Rien vu qui l'intéresse,
Quand son moment d'aimer viendra ;
   Le dieu de la tendresse
   Vous la relèvera, etc.

Un jeune époux qui ne dira
   Qu'un mot de politesse :
Un amant plus poli viendra,
   Qui parlera sans cesse,
   Et le relèvera,

Une veuve qui comblera
   D'un amant la tendresse,
Et qui se tranquillisera
   Dans ces momens d'ivresse ;
   On la relèvera,
     Larira,
   Du péché de paresse.

COLLÉ.

LE PALAIS-ROYAL.

Air : *De la Sauteuse.*

Du Palais-Royal
Comme je peindrais bien l'image,
Si de Juvénal
J'avais le trait original !
Mais tant bien que mal,
Muse entamons ce grand ouvrage....
Quel homme, au total,
Mieux que moi, connaît le local ?
Entrepôt central
De tous les objets en usage,
Jardin sans rival,
Qui du goût est le tribunal...
L'homme matinal
Peut, à raison d'un liard la page,
De chaque journal,
S'y donner le petit régal.
D'un air virginal,
Une belle au gentil corsage,
Vous mène à son bal,
Nommé *Panorama moral*...
Sortant de ce bal,
Si de l'or vous avez la rage,
Un rateau fatal
Sous vos yeux roule ce métal,
Et par ce canal
L'homme de tout rang, de tout âge
Va d'un pas égal

A la fortune, à l'hôpital.
  Le Palais-Royal
Est l'écueil du meilleur ménage ;
  Le nœud conjugal
S'y brise net comme un cristal.
  Le provincial
Exprès, pour l'objet qui l'engage,
  Y vient d'un beau schall
Faire l'achat sentimental :
  Mais l'original
A vu certain premier étage...
  Heureux si son mal
Se borne à la perte du schall !
  L'Anglais déloyal
Sous nos coups a-t-il fait naufrage,
  Le Palais-Royal
Est l'écho du combat naval.
  Qu'en poste, à cheval,
Chez nous un étranger voyage,
  Son but principal
Est de voir le Palais-Royal....
  Dans un temps fatal,
Si de maint politique orage
  Le Palais-Royal
Devint le théâtre infernal,
  Du gai carnaval
Il est aujourd'hui l'héritage ;
  Jeu, spectacle, bal
Y sont dans leur pays natal.
  Flamand, Provençal,
Turc, Africain, Chinois, Sauvage,
  Au moindre signal
Tout se trouve au Palais-Royal ;
  Bref, séjour banal
Du grand, du sot, du fou, du sage,
  Le Palais-Royal
Est le rendez-vous général.

      DÉSAUGIERS.

LES FEMMES VENGÉES.

Air : *De la pipe de tabac.*

En amour on nous dit légères ;
Mais, messieurs nos très-chers époux,
Du poids de vos lois arbitraires,
De quel droit nous écrasez-vous ?
Sur vos colombes prisonnières
Vous pesez comme des vautours ;
Ah ! nous serions bien moins légères,
Si vous étiez un peu moins lourds.

Vous nous blâmez d'être coquettes;
Mais que vous importe, entre nous,
Que nous tournions toutes les têtes,
Si notre cœur n'est que pour vous ?
Faut-il, pour les têtes des autres,
Contre nous ainsi vous fâcher ?
Pourvu qu'on ménage les vôtres,
Qu'avez-vous à nous reprocher ?

A votre aise, messieurs les hommes,
Imputez-nous mille défauts ;
Mais toutes faibles que nous sommes,
Nous répondrons en peu de mots.
De mon sexe qu'on injurie
Je me déclare le soutien ;
Je vais être juge et partie,
Ainsi, messieurs, tenez-vous bien.

Vous condamnez notre folie ;
Mais à tort, messieurs les railleurs ;
Car elle est à femme jolie
Ce que le parfum est aux fleurs.
Au contraire, nos goûts frivoles
Devraient, je pense, vous charmer...
Et ne faut-il pas être folles.
Pour consentir à vous aimer !

Mme PERRIER.

LA TABLE.

Air : *Du verre.*

Le dieu des vers sur un laurier
Inscrit les fils de la Victoire :
Le soldat sur son bouclier
Grave les marques de sa gloire,
Hier, aux autels de Vénus,
Je traçai mes vœux sur le sable,
Aujourd'hui je suis chez Comus,
Je vais écrire sur la table.

Je hais le faste et la grandeur,
Chez moi point d'apprêts, d'étiquette ;
La franchise et la bonne humeur
Font les honneurs de ma retraite.
Là je trouve un simple repas
Que l'amitié rend délectable ;
Le plaisir qu'on n'invite pas
Sans façon s'assied à ma table.

Voyez ce superbe oppresseur
Debout il veille sur son trône,
S'il dort, dans un songe vengeur
Il voit s'échapper sa couronne,

Lucas qui s'enivre gaîment,
Surpris par un rêve agréable,
Se croit riche, et trouve souvent
Une couronne sous la table.

J'aime toujours à voyager ;
Mais alors Bacchus m'accompagne ;
A table je fais sans bouger,
Un tour en Bourgogne, en Champagne ;
Lorsque, las de voir du pays,
Et devenu plus raisonnable,
Je veux visiter des amis,
Je fais le tour de cette table.

Un jour, à la voix d'Atropos
Il me faudra battre en retraite ;
Adieu perdrix et dindonneaux,
Et vous, amis que je regrette,
Ah ! n'attristez pas ce moment ;
Point d'épitaphe lamentable,
Je prétends mourir en buvant ;
Et qu'on m'enterre sous la table.

Justin GENSOUL.

TENDRES REGRETS.

Air : *Vénus sur la molle verdure.*

Songes rians de la jeunesse,
Que vous nous quittez promptement !
Faut-il qu'une si douce ivresse
Ne dure pas plus d'un moment ?

Age heureux, où tout semble aimable,
Où chaque objet offre un plaisir,
Vif attrait, charme inexprimable,
Le cœur s'épuise à te sentir.

Pourrait-il d'un feu qui dévore
Eprouver deux fois les effets ?
Des cendres s'échauffent encore,
Mais ne se rallument jamais.

Il n'est plus rien, rien qui m'enflamme :
Je languis triste et sans désirs ;
Mais il est au fond de mon âme
Une image et des souvenirs.

ANDRIEUX.

MON VILLAGE.

Air : *Vent brûlant d'Arabie,*
ou : *O ma tendre musette.*

Combien je te regrette,
Beau ciel de mon pays,
Et toi, douce retraite,
Que toujours je chéris !
Soleil qui fais éclore
Les trésors de l'été,
Dois-tu me rendre encore
La vie et ma gaîté ?

Une erreur trop commune
Egara ma raison ;
Je rêvai la fortune
Et l'éclat d'un vain nom ;
Mais, aujourd'hui plus sage,
D'un regard attendri,
Je cherche mon village
Et mon premier ami.

Vers cette heureuse terre
Qui me ramènera ?
Là repose ma mère ;
L'amitié m'attend là.
O pensers pleins de charmes,
Endormez ma douleur !
Et vous, coulez, mes larmes,
Et soulagez mon cœur.

Une fleur étrangère
En de tristes climats,
Sur sa tige légère
Cède au poids des frimas.
Jeune, ainsi je succombe
Faible comme la fleur :
Ici je vois la tombe,
Là bas est le bonheur.

Je veux, dès mon aurore,
Surpris d'un froid mortel,
Me réchauffer encore
Au foyer paternel.
Chaque jour ma patrie
Charme mon souvenir.....
Là commença ma vie,
Là, je veux la finir.

Le même.

LA FIÈVRE.

Air : *Fuyant et la ville et la cour.*

    Par combien de maux différens
Le sort trouble notre existence !
Hommes, femmes, vieillards, enfans,
Tous ont leurs chagrins, leur souffrance.
Mais sans ces maux il en est un
Dont l'influence est infinie ;
La fièvre toujours de chacun
Fut la secrète maladie.

    Ah ! qu'il est beau pour un grand cœur
D'avoir la fièvre de la gloire !
C'est par sa fièvre qu'un auteur
S'inscrit au temple de mémoire.
On voit peu d'hommes ici-bas
Avoir la fièvre du génie ;
Mais on en voit beaucoup, hélas !
Avoir la fièvre de l'envie.

    Pour les femmes, il est encor
Des fièvres de maints caractères :
Quelquefois fièvres à transport,
Plus souvent fièvres éphémères.
On soigne avec empressement
Celles que le printemps leur donne ;
Mais on s'amuse rarement
A traiter leurs fièvres d'automne.

Suivant l'âge, l'esprit, le cœur,
La maladie est dangereuse ;
La vieille a la fièvre d'humeur,
La jeune la contagieuse ;
La bénigne est pour l'âme en paix,
Pour l'âme jalouse l'aiguë,
Coquette, on a celle d'accès,
Sensible, on a la continue.

Il est un autre mal enfin
Qui jamais ne va sans délire,
Fièvre qu'on veut guérir en vain,
Fièvre d'amour, c'est assez dire ;
Mais après maint redoublement
Heureux dans l'hiver de la vie,
Qui conserve un ressentiment
De cette douce maladie !

Constance PIPELET.

LA BELLE GABRIELLE.

Air : *Charmante Gabrielle.*

Charmante Gabrielle,
Percé de mille dards,
Quand la gloire m'appelle
Sous les drapeaux de Mars,
Cruelle départie,
  Malheureux jour !
Que ne suis-je sans vie
  Ou sans amour !

Bel astre que je quitte,
Oh ! cruel souvenir !
Ma douleur s'en irrite...
Vous revoir ou mourir !
  Cruelle départie, etc.

Partagez ma couronne,
Le prix de ma valeur ;
Je la tiens de Bellone,
Tenez-la de mon cœur.
  Cruelle départie, etc.

Je veux que mes trompettes,
Mes fifres, les échos,
A tous momens répètent
Ces doux et tristes mots :
Cruelle départie,
  Malheureux jour !
Que ne suis-je sans vie
  Ou sans amour !

HENRI IV.

L'AMANT DISCRET.

Air: *Que ne suis-je la fougère ?*

Sur une écorce légère,
Amans, tracez votre ardeur ;
Le beau nom de ma bergère
N'est gravé que dans mon cœur.
Je n'ose occuper ma lyre
A chanter un nom si doux ;
Echo pourrait le redire,
Et j'aurais trop de jaloux.

Corine à feindre m'engage
Pour mieux tromper les témoins :
Ce qui lui plaît davantage
Semble me plaire le moins ;
L'herbe où son troupeau va paître
Voit le mien s'en écarter,
Et je semble méconnaître
Son chien qui veut me flatter.

Vous qu'un fol amour inspire,
Connaissez mieux le plaisir ;
Vous n'aimez que pour le dire,
Nous n'aimons que pour jouir :
Corine, que ce mystère
Dure autant que nos amours !
L'amant content doit se taire :
Fais-moi taire pour toujours.

L'amant frivole et volage
Chante partout ses plaisirs ;
Le berger discret et sage
Cache jusqu'à ses désirs :
Telle est mon ardeur extrême ;
Mon cœur soumis à ta loi,
Te dit sans cesse qu'il aime
Pour ne le dire qu'à toi.

BERNARD.

ÉLOGE DU CAFÉ.

Air : *Femme voulez-vous éprouver.*

J'ai quelquefois chanté du vin
La liqueur fraîche et pétillante ;
C'est aujourd'hui, café divin,
Ton parfum charmant que je chante.
Si le raisin fut inventé
Par le désir et par l'ivresse,
Tu dois avoir été planté
Par le bonheur et la tendresse.

De ce doux nectar échauffé
L'auteur de Mérope et d'Alzire,
Disait, en voyant son café :
Voilà la muse qui m'inspire.
Pour faire encor couler nos pleurs,
Que n'as-tu, séduisant Voltaire,
A tes tragiques successeurs,
Légué pour dot ta cafetière ?

Du vin l'agréable poison,
Presque toujours mène au délire ;
Sans jamais troubler ma raison
Le café m'échauffe et m'inspire.

Pour éloigner le noir chagrin
Je le savoure avec délices ;
J'y trouve la vertu du vin
Et n'y trouve aucun de ses vices.

Répondez-moi, jeunes amans,
Quand vous courtisez une belle,
Est-ce Bacchus, en ces momens,
Que vous invoquez auprès d'elle ?
Pour moi, lorsque j'attaque un cœur
Jamais à boire je ne songe ;
Le vin abrége le bonheur
Et le café nous le prolonge.

Infatigables orateurs,
Auteurs tragiques et comiques ;
Inépuisables prosateurs,
Et vous, écrivains politiques ;
Venez, puisqu'il charme l'ennui,
Au café rendre vos hommages ;
Peut-être on n'eût pas lu sans lui
Ni ma chanson ni vos ouvrages.

LÉGER.

LE MATELOT.

Air: *Avec les jeux dans le village.*

Ma fille, perdrais-tu courage ?
Sous tes doigts le fuseau languit.
Toi seule soutiens mon grand âge
Par ce travail que Dieu bénit.
— Ma mère, un frisson m'a saisie ;
Le ciel m'en avertit tout bas,
Quand reviendra Pâque fleurie,
Le matelot ne viendra pas.

Au hameau lorsque tout repose,
Quand minuit sonne lentement,
Une ombre vers mon lit se pose ;
J'entends un long gémissement.
Et puis comme au temps où mon père
Nous quitta pour aller à Dieu,
Je vois une pâle lumière
Errer long-temps au même lieu.

Ah ! j'espérais que sa jeunesse
Pourrait consoler vos vieux jours,
Qu'à vous soulager ma faiblesse
Trouverait en lui du secours.
Pour les morts, pauvre suppliante
Lorsque j'implore l'Eternel,
Il soupire, et sa voix touchante
Me dit : « Au revoir, dans le ciel ! »

Ma fille, à l'autel de la Vierge
Au point du jour soutiens mes pas ;
Faisons la dépense d'un cierge ;
Donner à Dieu n'appauvrit pas.
Fille sage est chére à Marie,
Qui protége le nautonnier,
Et fait luire pour qui la prie,
Le soir doux présage au foyer.

De ses feux sillonnant la plage
L'aube à peine éclairait les cieux,
Que Notre-Dame du rivage
Entendait les accens pieux.
Son front pur couronné d'étoiles,
S'inclina vers le nautonnier ;
Quand la nuit déploya ses voiles,
Il était assis au foyer.

PINET.

LA PETITE MARGUERITE.

Air : *O ma tendre musette.*

Toi, qui de l'innocence
As toute la fraîcheur,
Délices de l'enfance
Dont tu sembles la fleur ;
Marguerite fleurie,
Honneur de nos vallons,
Comme dans la prairie
Brille dans mes chansons.

Des mains de la nature
Échappée au hasard,
Tu fleuris sans culture
Et tu brilles sans art.
Telle qu'une bergère,
Oubliant tes appas,
Sans apprêts tu sais plaire
Et ne t'en doutes pas.

Souvent la Pastourelle,
Loin de son jeune amant,
Se dit : M'est-il fidèle ?
Reviendra-t-il constant ?...
Tremblante elle te cueille ;
Sous son doigt incertain
L'oracle qui s'éfeuille
Révèle son destin.

Loin des prés solitaires,
Étalant ses attraits,
Ta sœur, dans nos parterres
Va briguer des succès.

L'éclat d'un vain suffrage
Flatte sa vanité ;
Mais un stérile hommage
Vaut-il l'obscurité ?

   Crois-moi, jamais n'envie
De plus brillans destins ;
Fille de la prairie,
Fuis toujours les jardins.
Songe que l'on préfère,
Dans son modeste atour,
La naïve bergère
Aux nymphes de la cour.

Constant Ducis.

LE DÉSIR ET LE PLAISIR.

Air : *J'étais bon chasseur autrefois.*

Un enfant beau comme le jour
Errait dans les jardins de Flore :
Ah ! m'écriai-je, c'est l'Amour...
Fuyons, il en est temps encore.
Non, c'est le Désir : ne crains rien,
Répond l'enfant d'une voix tendre :
Mais nous nous ressemblons si bien
Qu'on peut aisément s'y méprendre.

   Non loin de nous un autre enfant,
Dans des bosquets semés de roses,
Tour à tour les éparpillant,
Cueillait toujours les moins écloses :
C'est mon frère, dit le Désir ;
Mais redoutez sa perfidie ;
Quand j'existe pour le nourrir,
Chaque jour il m'ôt e la vie.

Vers nous accourant à grands pas,
Sur moi l'enfant se précipite ;
Je suis à peine dans ses bras,
Ma raison fuit, mon cœur palpite ;
Après ces transports inconnus,
Du Désir je cherchai la trace ;
Hélas ! il n'était déjà plus !
Le regret avait pris sa place.

 Confuse, je baisse les yeux,
J'aperçois mon désordre extrême,
Quand un voile mystérieux
Soudain se répand sur moi-même ;
La Pudeur, pour me secourir,
Venait de descendre sur terre.
Et le Désir et le Plaisir
Marchaient sur les pas de leur mère.

 Calmez, me dit-elle, vos sens ;
Je viens terminer votre peine ;
Ne redoutez plus deux enfans
Que vers vous la Pudeur ramène ;
Les maux que mon exil a faits,
Je le sais trop, sont innombrables ;
Mais je prétends que désormais
Mes deux fils soient inséparables.

Mme PERRIER.

UN PÈRE A SA FILLE

LE JOUR DE SON MARIAGE.

Air : *De la piété filiale.*

C'est aujourd'hui qu'un doux lien
Te sépare d'avec ton père.
Sortant des bras de la plus tendre mère,
Dans un mari tu vas prendre un soutien.
Toujours fidèle à la morale
Que t'inspirèrent tes parents ;
Ah ! conserve pour eux les sentiments
De la piété filiale.

Un époux n'est point un tyran
Au regard farouche et sévère :
C'est un ami qui toujours veut complaire,
Il est sensible, empressé, complaisant.
En payant d'une humeur égale
Ses soins tendres et complaisants,
Pour toi dès lors croîtront les sentiments
De la tendresse conjugale.

Dans ton ménage quelquefois
S'il s'élève un léger nuage,
Pour dissiper bien vite cet orage
De la douceur fait entendre la voix.
En plaintes l'âme qui s'exhale
Irrite, aigrit, mais la douceur
Peut rappeler le moins sensible cœur
A la tendresse conjugale.

Cultive en tout temps les vertus,
Sois modeste, même sévère ;
Femme qui veut à tous chercher à plaire
A son mari trop souvent ne plaît plus.
Du vieux temps c'était la morale :
Qui la suivit avec rigueur
Jamais ne vit s'altérer la douceur
De la tendresse conjugale.

Vivez amis, vivez heureux,
Qu'amour achève le mystère,
Et que sensible à notre humble prière
Par de doux fruits il couronne vos feux.
Que leur tendresse en tout égale,
A celle de vos jeunes cœurs,
Vous fasse, un jour, éprouver les douceurs
De la piété filiale.

SAUGER-PRÉNEUF.

LES REPAS DE FAMILLE.

Air : *La fête des bonnes gens.*

Quelle vive allégresse
Vient animer mes accents !
Quelle joyeuse ivresse
S'empare de tous mes sens !
Pour l'âme sensible, honnête
Rien n'égale les instants
Passés ensemble à la fête,
  La fête des bons parents.

Laissons à l'opulence
Le luxe de ses repas,
De sa triste abondance
L'éclat ne m'éblouit pas.
Des mets que le cœur apprête
Fussent-ils moins succulents
Ont plus de prix à la fête,
  La fête des bons parents.

Mondor toute sa vie
Eprouve mille tourments.
Il soupire, il s'ennuie,
Entouré de ses clients.
Envain son regard s'arrête
Sur mille objets ravissants :
Le bonheur fuit de la fête
  Où ne sont pas les parents.

De l'amitié sincère
Les propos libres et francs
Lancés du fond du verre
Flattent, chatouillent les sens;

Dans un cercle où l'art s'apprête
A cacher ses sentiments,
Je ne trouve plus la fête,
La fête des bons parents.

Mon cœur point ne soupire
Après les brillants honneurs ;
Content, je ne désire
Le faste ni les grandeurs.
Flatté d'une aisance honnête
Puissé-je avoir seulement
De quoi faire toujours fête
Avec quelque bon parent.

Pluton, je t'en conjure,
Lorsque dans ton noir séjour
L'inflexible mesure
M'aura conduit sans retour ;
De fleurs couronne ma tête,
Et place-moi dans ces champs
Où je retrouve la fête,
La fête des bons parents.

SAUGER-PRÉNEUF.

CONSEILS A DE JEUNES MARIÉS.

Air : *De la veillée.*

L'hymen est un doux esclavage
Dont les nœuds sont tissus de fleurs.
Ce Dieu comble de ses faveurs
Ceux que sous ses lois il engage.
Si quelque nuage léger,
Obscurcit par fois la journée,
On le voit fuir et s'éloigner
    Au retour de la veillée.   (*bis.*)

Avant de partir pour Cythère,
Ce pays si cher aux amants,
Daignez écouter les accents
D'un ami bien franc, bien sincère.
Présentés sans prétention,
Mes couplets dans cette journée,
Pourront offrir une leçon
    Utile pour la veillée.   (*bis.*)

Dans les transports de votre ivresse
Gardez-vous tous deux d'oublier,
Que qui veut long-temps voyager
Modère d'abord sa vitesse.
Pour être sûrs le lendemain
De recommencer la journée,
N'allez pas marcher trop grand train,
    Prolongez votre veillée.   (*bis.*)

Voulez-vous d'une flamme pure
Voir briller l'éclat nuit et jour,
Rendez vos devoirs à l'amour,
Mais faites petit feu qui dure.

Enétourdi manger son bien
Est une folie avérée :
Sans huile une lampe n'est rien
 Pour passer une veillée.   *(bis.)*

 Un jour quand les glaces de l'âge
Eteindront vos brûlants désirs,
Dans les liens du mariage,
Songez qu'il est d'autres plaisirs
Obligés de fuir les amours,
Ha ! troupe folâtre, enjouée,
Ayez à l'amitié recours
 Pour passer votre veillée.   *(bis.)*

 Sœur moins vive, mais plus aimable
D'un frère inconstant et léger,
On peut l'adorer sans danger ;
Le bonheur qu'elle offre est durable.
Même alors que l'amour malin
Nous dit : J'ai fini ma journée,
Elle encor par son art divin
 Embellit notre veillée.   *(bis.)*

Par un ancien Membre
de la Société joyeuse.

LE BON FILS.

Air : *Du serin qui te fait envie.*

De tous les bergers du village
Lisis fut le plus amoureux ;
Louise reçut son hommage
Et partagea bientôt ses feux :
Il la demande à sa famille ;
Mais le père dit à Lisis :
Soyez riche autant que ma fille ;
Je ne la donne qu'à ce prix.

Hors son amour et sa chaumière,
Le pauvre Lisis n'avait rien ;
La cabane était pour sa mère ;
Pour Louise était l'autre bien :
Il part, il quitte son amie ;
Il arrive au pays de l'or ;
Là par une honnête industrie,
Il amasse un petit trésor.

Lisis revient plein d'espérance ;
Louise est fidèle et l'attend ;
Sa main sera la récompense
Des travaux d'un si tendre amant.
Il va posséder son amie ;
Mais la veille d'un jour si beau,
Par une affreuse maladie ;
Sa mère est au bord du tombeau.

Lisis tremblant court à la ville ;
Il ne songe plus aux amours :
Du médecin le plus habile
Lisis implore le secours :

« Ma mère va m'être ravie,
« Dit-il embrassant ses genoux,
« Si votre art lui sauve la vie,
« Ce que je possède est à vous. »

Le médecin, par sa science,
Rend la mère aux vœux de son fils ;
Le trésor fut sa récompense ;
Plus de Louise pour Lisis.
Un autre épouse la bergère ;
Lisis le voit sans murmurer,
Et, l'air content près de sa mère,
Il mourut : et n'osa pleurer.

FLORIAN.

LE DÉJEUNER.

Air : *Que ne suis-je la fougère.*

Du souper j'entends sans cesse
Vanter les bruyans plaisirs ;
Quand on vit pour la tendresse
Il flatte peu les désirs.
Laissons souper la Folie ;
Laissons dîner le gourmand,
Amis vrais, sensible amie,
Le déjeûner vous attend.

C'est l'éveil de la nature,
C'est l'heure du sentiment,
Les fronts y sont sans parure,
Les cœurs sans déguisement.
Le déjeûner fait éclore
Les fleurs du sacré vallon ;
C'est le festin où l'Aurore
Rajeunit le vieux Titon.

On n'y craint pas la présence
D'un fâcheux, d'un indiscret ;
A table est la confiance :
Vers la porte est le secret.
Aussi voit-on qu'à Cythère,
C'est le repas recherché.
L'Amour soupe avec sa mère
Il déjeûne avec Psyché.

A dîner l'on parle affaire
Et la Gaîté n'y dit mot ;
Le souper est moins austère ;
Mais l'appareil est son lot.
Le déjeûner seul rassemble
Le goût et la liberté,
Lui seul fait trinquer ensemble
Le Plaisir et la Santé.

Amitié, quand tu l'apprêtes,
Il est le banquet des dieux ;
Patronne de ces retraites,
Tu m'y fais trouver les cieux.
Bien fou qui cherche un royaume !
Le vrai bonheur n'est pas là ;
Il déjeûne sous le chaume
Dans le Monomotapa*.

PHILIPPON DE LA MADELEINE.

*Nom d'un monticule élevé dans le jardin de M. G***.

RONDE DE TABLE.

Air : *Enfans de quinze ans*, etc.

Laissons en paix les parlemens,
La cour, la ville et les ministres.
Ceux qui s'en vont, les revenans,
Et du code les vieux registres ;
Couronnons nos coupes de fleurs,
Soyons gais et point raisonneurs.
   Chantons en refrain :
Vive Alexandrine et le vin !

O l'heureux siècle ! ô le bon temps !
Félicitez-nous donc, mesdames !
Le Russe bat les Ottomans,
Et bientôt vengera leurs femmes ;
Pierre-le-Grand l'avait prévu,
Que le Grand-Turc serait cocu.
   Chantons en refrain :
Vivent nos vengeurs et le vin !

N'en déplaise à mons Mahomet,
Toi que l'on aime à la folie,
Tu vaux mieux, je le dis tout net,
Que sa houri la plus jolie :
Choisis un sultan parmi nous,
Turc au besoin et peu jaloux ;
   Qu'il chante en refrain
Et sa sultane et le bon vin !

Si tu nous donnes quelque édit,
Tu verras quel est notre zèle ;
Il ne sera point contredit,
Ordonnât-il d'être fidèle ;
Belles, vos arrêts sont toujours
Enregistrés par les amours.
   Chantons en refrain
Vivent la constance et le vin !

Amis, dans ces joyeux instans,
Faisons trois sermens authentiques,
D'être convives, d'être amans,
De rire aux drames pathétiques ;
Et tandis que nos beaux esprits
Jurent d'ennuyer tout Paris,
   Jurons en refrain
De fêter l'Amour et le vin.

DORAT.

L'AMANT SUBTIL.

Air : *du vaudeville de la Somnambule.*

Ah ! prenez pitié de ma flamme,
Me dit un soir Colin tout bas.
Quel trouble il causa dans mon âme !
Mais je ne lui répondis pas.
Quoi ! vous ne voulez rien me dire ?
Du moins regardez-moi, dit-il.
Dans mes regards il sut tout lire...
Colin, vous êtes trop subtil.

Dans mon corset j'avais deux roses ;
J'étais fière de leur fraîcheur ;
Elles étaient à peine écloses :
Colin les vit pour mon malheur.
Il s'approcha d'un air timide ;
Je n'en prendrai qu'une dit-il,
Mais il prit les deux, le perfide !...
Colin, vous êtes trop subtil.

Colin, dans la forêt prochaine,
Oui, ce fut au printemps passé,
Me fit voir sur un jeune frêne,
Son nom avec le mien tracé.
Ces noms gravés sur cette écorce,
Promettent un baiser... dit-il.
Je refuse : il le prend de force.
Colin, vous êtes trop subtil.

(220)

Nous étions assis sur l'herbette ;
Quels regards il jettait sur moi !
Il soupira, me dit : Colette...
Puis encore, je ne sais quoi.
Non, Colin, non, c'est une injure ;
Non, Colin, non !...Comment fit-il ?
J'ai toujours dit non, je le jure...
Colin, vous êtes trop subtil.

BOURGUEIL.

LE COUP DU MILIEU.

Air : *In vino veritas.*

Nos bons aïeux aimaient à boire,
Que pouvons-nous faire de mieux ?
Versez, versez, je me fais gloire
De ressembler à mes aïeux.
Entre le Chablis que j'honore
Et l'Aï dont je fais mon d'eu,
Savez-vous ce que j'aime encore ?
C'est le petit *coup du milieu*.

Je bois quand je me mets à table,
Et le vin m'ouvre l'appétit,
Bientôt ce nectar délectable
Au dessert m'ouvrira l'esprit.
Si tu veux combler mon ivresse,
Viens, amour, viens espiègle dieu,
Pour trinquer avec ma maîtresse,
M'apprêter le *coup du milieu*.

Ce joli *coup*, chers camarades,
A pris naissance dans les cieux ;
Les dieux buvaient force rasades,
Buvaient enfin... comme des dieux,

Les déesses, femmes discrètes,
Ne prenaient point goût à ce jeu :
Vénus pour les mettre en goguettes
Proposa le *coup du milieu*.

Aussitôt cet aimable usage
Par l'amour nous fut apporté :
Chez nous son premier avantage
Fut d'apprivoiser la beauté ;
Le sexe, à Bacchus moins rebelle,
Lui rend hommage en temps et lieu,
Et l'on ne voit pas une belle
Refuser le *coup du milieu*.

Buvons à la paix, à la gloire,
Ce plaisir nous est bien permis ;
Doublons les rasades pour boire
A la santé de nos amis.
Des Muses, disciples fidèles,
Buvons à Favart, à Chaulieu ;
Et pour la santé de nos belles
Réservons le *coup du milieu*.

Armand Gouffé.

LES VOEUX D'UN AMANT.

Air : *Que ne suis-je la fougère.*

Que ne suis-je la fougère,
Où sur le soir d'un beau jour,
Se repose ma bergère
Sous la garde de l'Amour !
Que ne suis-je le zéphire
Qui rafraîchit ses appas,
L'air que sa bouche respire,
La fleur qui naît sous ses pas !

Que ne suis-je l'onde pure
Qui la reçoit dans son sein !
Que ne suis-je la parure
Qu'elle met sortant du bain !
Que ne suis-je cette glace
Où son minois répété,
Offre à nos yeux une grâce
Qui sourit à la beauté !

Que ne suis-je l'oiseau tendre
Dont le ramage est si doux,
Qui lui-même vient l'entendre
Et mourir à ses genoux !
Que ne suis-je le caprice
Qui caresse son désir.
Et lui porte en sacrifice
L'attrait d'un nouveau plaisir !

Que ne puis-je, par un songe,
Tenir son cœur enchanté !
Que ne puis-je du mensonge
Passer à la vérité !

Les dieux qui m'ont donné l'être
M'ont fait trop ambitieux ;
Car enfin je voudrais être
Tout ce qui plaît à ses yeux.

BIBOUTET.

LE QUELQUE CHOSE.

Air : *Chantez, dansez, amusez-vous.*

Mesdames, la raison apprend
A faire valoir en ce monde
Ce dont le ciel nous fit présent
Par une bonté sans seconde ;
Or, le ciel, a placé dans nous
Quelque chose de fait pour vous.

Mais pour que le sexe lutin
Qui penche fort vers la malice,
Ne fût un jour assez mutin
Pour l'accuser d'une injustice,
Il a de même mis en vous
Quelque chose de fait pour nous.

Notre quelque chose se prend ;
Votre quelque chose se donne ;
L'un attaque, l'autre se rend :
Vendu parfois on l'abandonne.
Les vôtres sont charmans objets,
De ceux qu'on ne quitte jamais.

Le quelque chose mis en nous
Montre souvent de la rudesse ;
Le quelque chose mis en vous

S'ouvre parfois à la tendresse :
Mais sitôt qu'ensemble ont les met,
Les voilà d'un accord parfait.

Quoi ! vous tremblez ! point de frayeur ;
Je vais nommer ce quelque chose ;
Ce quelque chose c'est le cœur ;
Des nôtres la beauté dispose ;
Et des yeux tels qu'ici j'en vois
Sont faits pour leur dicter des lois.

Belle Hortense, reçois le mien
Et remplis le décret céleste ;
Qu'à mon tour j'aie aussi le tien !
L'amour se chargera du reste :
Car c'est à lui de mettre en vous
Ce que le ciel a mis en nous.

LE BIEN ET LE MAL.

Air : *d'une Nuit d'été.*
Ou : *A jeun, je suis trop philosophe.*

(Lantara.)

Tout est fort mêlé dans le monde :
On y voit du bien et du mal ;
Les dieux sur la machine ronde
En ont fait un partage égal.
Comme ils ont créé la lumière
Pour chasser l'ombre de la nuit ,
Ils versent du vin dans mon verre
Afin d'égayer mon esprit.

A tout mal je vois un remède :
Le travail nous rend la santé ;
Au talent la pauvreté cède ,
Et le chagrin à la gaîté.
Si le destin peuple la ville
De tant de sots et de fripons ,
Momus créa le vaudeville
Pour nous venger par des chansons.

Si des combats le dieu barbare
En foule au tombeau nous conduit ,
Secrètement l'Amour répare
Le mal qu'il a fait à grand bruit.
Je ne connais point de tristesse
Ni de tourmens , ni de soupirs ,
Qu'une chanson , qu'une maîtresse
Ne puissent changer en plaisirs.

L'homme, il est vrai, de tout s'ennuie ;
Et le temps éteint son ardeur ;
Mais lorsque la mélancolie
D'amour détruit la douce erreur,
La Gloire et ses brillans trophées
Ramène l'espoir dans le cœur ;
Les Muses sont d'aimables fées
Qui nous font rêver le bonheur.

Plaisirs et peines, tout s'oublie,
La vie est un tableau mouvant,
C'est une scène qui varie
Et plaît jusqu'au dernier moment ;
Si la vieillesse qu'on redoute
Nous apporte trop de douleurs,
L'Amitié se tient sur la route
Pour la semer toujours de fleurs.

Amis, jouissons de la vie,
Et tâchons de tout voir en beau.
Contre le monde en vain on crie
Il faut des ombres au tableau :
Parfois le mal (c'est mon système)
Nous sert à mieux sentir le bien.
Tant qu'on rit, qu'on chante et qu'on aime
On ne doit se plaindre de rien.

L. P. SÉGUR aîné.

A MON CIGARRE.

Air : *Ah! sans regret, mon âme, partez vite.*

    Du soleil brûlant des Antilles :
    Toi, que mûrirent les ardeurs ;
    Toi, la terreur des jeunes filles,
    Viens bannir mes tristes langueurs.
De mon briquet a jailli l'étincelle,
Je sens déjà ton parfum précieux :
De mes ennuis, ô compagnon fidèle,
Exhale-toi lentement vers les cieux.

    Quand je vois ta vapeur chérie
    Tourbillonner si mollement,
    Pour moi le flambeau de la vie
    Semble s'user plus doucement.
Fougueux amour ; ton angoisse éternelle
N'est plus alors qu'un songe gracieux.
De mes ennuis, ô compagnon fidèle,
Exhale-toi lentement vers les cieux

    La négresse pauvre, captive ;
    D'un doigt esclave te forma ;
    Et chantant d'une voix plaintive,
    A son destin s'abandonna :
Mais pour l'enfant que nourrit sa mamelle
Au dieu vengeur elle adressa des vœux :
De mes ennuis, ô compagnon fidèle,
En t'exhalant, porte-les vers les cieux.

    A ton aspect qui l'effarouche,
    L'amour s'éloigne en frémissant.
    Je fus housard ; alors ma bouche
    Te pressa't d'un poil brunissant ;

A mes désirs la beauté moins rebelle
Te savourait comme un présent des dieux :
De mes ennuis, ô compagnon fidèle,
Exhale-toi lentement vers les cieux.

 Aux bivouacs de la grande armée
  La victoire aimait à s'asseoir :
  Tu mêlais ta douce fumée
 Aux chants qui la fêtaient le soir.
Oui, je revois la phalange immortelle,
J'entends encor les accens glorieux :
De mes ennuis, ô compagnon fidèle ;
Exhale-toi lentement vers les cieux.

 Myrthe d'amour, palme guerrière
 Ne sauraient pour moi reverdir ;
  Tout passe, et déjà ta poussière
 Se dissipe au gré du zéphir.
Mais l'amitié, cette jeune immortelle,
Sourit encor au calumet joyeux :
De mes ennuis, ô compagnon fidèle,
Exhale-toi lentement vers les cieux.

         PINET.

EFFET DE LA LUMIERE.

Air : *De l'Apparence et la Vérité.*

Malgré la science profonde
Qu'en nos anciens l'on admira,
On ne sait quand naquit le monde,
On ne sait quand il finira.
Sur cette plage singulière,
Que nous contemplons en tout lieu,
Quand nous recevons la lumière
Nous ne voyons là que du feu.

Lorsqu'à fille aimable et jolie
D'hymen nous offrons le flambeau,
Si notre flamme est accueillie,
D'abord nous voyons tout en beau.
Qu'on nous marie à l'ingénue;
Soudain l'Amour, ce malin dieu,
D'un bandeau nous couvre la vue :
Nous n'y voyons plus que du feu.

Jusque dans la chambre de Lise
Florimond s'introduit un soir;
Lise, tremblante et surprise,
Du galant veut tromper l'espoir.
Mais pour mieux dompter la rebelle,
Sans attendre d'elle un aveu,
Florimond souffle la chandelle,
Et Lise n'y voit que du feu.

Dans les astres cherchant à lire,
Quelques-uns de nos grands savans
Ont, à ce que l'on ose dire,
Distingué des êtres vivans.

Dans le soleil s'il est des hommes,
Quoique je m'y connaisse peu,
Je crois que de nos astronomes
Le plus fin n'y voit que du feu.

Dans l'antre doré d'un ministre
Le feu, dit-on, vient d'être mis :
On y voit brûler maint registre
Où son honneur est compromis.
Le rusé, d'une main hardie,
Tire son épingle du jeu ;
Le prince étouffe l'incendie,
Le peuple n'y voit que du feu.

Le Tout-Puissant qui fit la terre,
Dans le même temps fit aussi
Le paradis pour l'homme austère
Et l'enfer pour les sans-soucis.
Près de lui pour vivre à notre aise,
Amis, mourons en priant Dieu :
S'il nous jetait dans sa fournaise
Nous n'y verrions tous que du feu.

M. PERCHELET.

LE PORTRAIT DE SON VOISIN.

Air : *Trouverez-vous un parlement.*

Mon voisin n'est petit ni grand :
Mon voisin n'est ni gras ni maigre ;
Il n'est ni trop noir ni trop blanc,
Ni trop pesant ni trop allègre;
Il a l'œil bleu, d'un bleu turquin ;
Le teint blaffard, la face ronde ;
Pour le physique mon voisin,
Doit ressembler à bien du monde.

Sans être absolument fripon,
Mon voisin suit la loi commune :
Tout chemin lui semble fort bon ;
Pourvu qu'il mène à la fortune :
S'il réussit il trouve égal'
Qu'on l'applaudisse ou qu'on le fronde ;
Dès lors mon voisin, au moral,
Doit ressembler à bien du monde.

Mon voisin, de tous les époux,
Est bien l'époux le plus traitable ;
Indifférent, jamais jaloux,
Il admet qui veut à sa table :
Sa femme en rit, plus d'un malin
En rit tour à tour à la ronde...
Aussi, comme époux, mon voisin,
Ressemble-t-il à bien du monde.

D'aller au spectacle le soir
Si mon voisin a fantaisie,
Ne croyez pas qu'il aille voir
Alceste, ou Tartufe, ou Sosie.
Il aime, et préfère surtout,
Ces gaîtés où le noir abonde :
Pour l'honneur du goût, mon voisin,
Ressemble, hélas ! à trop de monde !...

Mon voisin, il en fait l'aveu,
N'est pas un très-grand politique :
Il s'informe même assez peu
Comment va la chose publique ;
Pourvu qu'il arrive à sa fin,
Dans le sens de tous il abonde :
En politique, mon voisin,
Doit ressembler à bien du monde.

Léger.

LE RETOUR DU SOLDAT.

Air : *du dîner de Madelon.*

Chère Zulmé, dont l'aimable folie
Dès mon printemps sut captiver mon cœur,
Je te revois plus belle... aussi jolie !
Mars à tes pieds me ramène vainqueur.
Remplis, Zulmé, ta coupe enchanteresse,
Verse à longs traits le bonheur au guerrier...
Enlace encore, ô ma belle maîtresse,
Le pampre au myrte et le myrte au laurier !

Pour me guider sur la machine ronde,
Mars à mes yeux s'offrait et je le crus ;
J'ai fait l'amour au quatre coins du monde ;
Et j'ai goûté du vin de tous les crus :
Zulmé, pardonne une éphémère ivresse,
Trêve innocente aux travaux du guerrier...
Enlace encore, etc.

Sultans blasés, roi libertins qu'on prône,
Plutus vous vend ce qu'amour m'a donné ;
Mais bientôt las de bâiller sur un trône,
Cupidon triche un amant couronné :
Moi, de ses dons riche dans ma détresse,
Je l'ai vu toujours sourire au guerrier...
Enlace encore, etc.

Roi, trop souvent l'on dévore une injure !
Soldat, du sort on craint bien moins l'affront
D'un diadême, ô fortune parjure !
Ta haine en vain voudrait charger mon front !
Ah ! le bandeau que ma Zulmé me tresse
Coûte moins cher et sied mieux au guerrier !
Enlace encore, etc.

Dieu nous entend : pour briguer son suffrage,
Qu'est-il besoin d'un organe imposteur?
C'est aux genoux de son plus bel ouvrage
Que j'aime à rendre hommage au Créateur.
Sois, ma Zulmé, son unique prêtresse,
Le seul autel où l'adore un guerrier,
Enlace encore, etc.

Qu'ai-je entendu ? le cri : Français aux armes !
Sur l'autre rive a réveillé l'effroi :
Adieu, Zulmé, point d'inutiles larmes :
Contre l'Anglais, Agnès arma son roi ;
Pour talisman j'emporte une caresse ;
Nous les battrons, crois en ce feu guerrier...
Enlance encore, ô ma belle maîtresse
Le pampre au myrte, et le myrte au laurier !

Jacinthe LECLERE.

L'ECLIPSE DE LUNE.

Air : *Chantez, dansez, amusez-vous.*

Il est minuit,
La lune luit,
Et de la maison de sa mère
Hélène fuit
A petit bruit,
Pour joindre Alain dans la bruyère ;
Elle attend de lui son bonheur,
En viendra-t-il à son honneur,

Alain tenté,
De son côté,
De ne plus faire sentinelle,
D'un pied léger,
Près du verger,
Se précipite au-devant d'elle ;
Et pour lui faire son bonheur
En veut venir à son honneur.

Quel embarras !
Avec fracas
On entend ouvrir la fenêtre :
Alain se plaint,
Hélène craint ;
Car si sa mère allait paraître,
Alain, pour faire son bonheur,
N'en viendrait pas à son honneur.

« Amour malin ! »
S'écrie Alain,
» Préserve-nous d'un tel obstacle !
» Hélène et moi

» Suivons ta loi ;
» Ne saurais-tu faire un miracle?
» Pour qu'en assurant son bonheur
» Alain en vienne à son honneur. »

  Alain dévot,
  Joint un sanglot
A cette prière importune.
  L'Amour étend
  Au même instant
Ses deux ailes devant la lune ;
Alain, si proche du bonheur,
En viendra-t-il à son honneur ?

  C'est vainement
  Que la maman
Regarde alors ce qui ce passe :
  Moitié pudeur,
  Moitié frayeur,
Hélène défend qu'on l'embrasse,
Mais pour lui faire son bonheur
Alain en vient à son honneur.

Pɪɪs.

LES COUPS.

Air : *Du vaudeville du Chapitre Second.*

Tout homme ici-bas a sa part
Des coups qui menacent la vie ;
Le joueur craint ceux du hasard,
Le puissant craint ceux de l'envie.
L'ennemi craint ceux du canon,
Le poltron craint les coups de canne,
Et l'homme à talent est, dit-on,
Sujet au coup de pied de l'âne.

Un coup de tête bien souvent
Aux jeunes gens devient funeste.
Un coup de langue est du méchant
L'arme qu'avec droit on déteste.
L'espérance du laboureur
Par un coup de vent est trompée ;
Un coup de patte, à son auteur,
Parfois attire un coup d'épée.

Un coup de théâtre mal fait
Indispose tout un parterre,
Et l'auteur, au coup de sifflet,
Est frappé d'un coup de tonnerre.
Les coups fourrés ont des attraits
Pour la beauté la moins friponne ;
Mais chez elle on sait que jamais
Un coup manqué ne se pardonne.

Tous fiers de leurs nouveaux succès;
Nos riches, étonnés de l'être,
Se vantent que leurs coups d'essais
Ont été de vrais coups de maître.
Mais de la fange étant sortis,
Malgré l'éclat de leurs carrosses,
La poussière de leurs habits
Résiste à tous les coups de brosses.

Il est des coups que ne craint pas
L'amant bien épris de sa belle...
Un seul coup-d'œil lui dit tout bas :
« Au coup de minuit sois fidèle. »
Minuit sonne : au coup de marteau
S'ouvre la porte clandestine,
Et ceints de l'amoureux bandeau,
Ils font leurs coups à la sourdine.

DÉSAUGIERS.

LE POUVOIR DES VOILES.

Air : *Quand l'Amour naquit à Cythère.*

L'amour sur des roses naissantes,
Dormait près de la volupté ;
L'orgueil des femmes exigeantes
Par ce sommeil est irrité :
En vain la déesse en colère ,
De dépit murmurait tout bas :
Sans daigner ouvrir la paupière
L'amour oubliait tant d'appas.

Dans les cieux , ô triste nouvelle ;
Que de pleurs pour de jolis yeux !
A quoi servira d'être belle ?
L'amour a perdu tous ses feux ;
Mais la Volupté se rassure ;
Vénus précipitant ses pas ,
Accourt , lui prête sa ceinture...
Le dieu ne se réveille pas.

Ce profond sommeil enfin cesse ;
Mais ne prenant aucun essor,
Sans empressement , sans tendresse ;
L'amour semblait dormir encor.
Les déesses disaient entre elles !
« Même en repos il est charmant !
« Mais , dût-il recouvrer ses ailes,
« Il lui faudrait du mouvement. »

Par hasard passe l'Innocence
Sous le voile de la Pudeur ;
Soudain l'Amour sent la puissance
D'une si modeste candeur ;
Aux désirs son âme s'entr'ouvre ;
Il croit deviner mille appas ;
Il fuit les attraits qu'il découvre,
Pour les charmes qu'il ne voit pas.

Jeunes beautés, songez pour plaire
Que des obstacles naît l'amour ;
Il chérit un heureux mystère ;
Il cache ses trésors au jour :
Si votre voile se soulève,
Fermez-le pour le rentr'ouvrir ;
La jouissance qu'il enlève
Se remplace par le désir.

J. A. SÉGUR.

LES FLEURS.

Air: *Du menuet de Grandval,*
Ou *Réveillez-vous belle endormie.*

Une fleur ne me fait envie
Que dans la première saison :
Plusieurs l'aiment épanouie :
Moi, je ne l'aime qu'en bouton.

Le rosier, dieu de la tendresse,
Est l'image de tes douceurs ;
Il a des épines sans cesse,
Mais il n'a pas toujours des fleurs.

Allez au jardin de Cythère
Cueillir le jasmin et l'œillet :
Mais, croyez-moi, jeune bergère,
Laissez et narcisse et muguet.

Gardien d'une beauté captive,
Qu'espérez-vous de tous vos soins ?
Des fruits qu'un jardinier cultive,
C'est lui qu'on voit goûter le moins.

L'honneur du sexe est une chose
Qu'on doit bien tenir à couvert ;
Plus délicat que n'est la rose,
L'haleine d'un zéphir le perd.

Du pavot la tête est brillante,
Cependant il nous assoupit,
C'est l'image bien ressemblante
D'un beau visage sans esprit.

C'est un jardinier bien farouche ;
Que l'Hymen ; à ses fleurs, hélas !
Il ne peut souffrir que l'on touche,
Et lui-même n'y touche pas.

Cessez, Iris, de me reprendre
Si j'en conte à plus d'un objet :
Ne savez-vous pas qu'il faut prendre
Plus d'une fleur pour un bouquet.

Cueillez des lis et des jonquilles,
Ils renaîtront dans quelques mois,
Il est une fleur, jeunes filles,
Qu'on ne peut cueillir qu'une fois.

Auteurs qui cherchez les suffrages
Et qui voulez être applaudis,
Semez des traits dans vos ouvrages ;
Sans les fleurs on n'a pas de fruits.

LE MÊME.

LA STATUE.

Air : *Le tac.*

Qu'auprès d'un jeune homme on étale
Quelque trait de bonne morale,
Maxime ou quatrain de Pibrac,
Il s'endort, l'oreille est fermée ;
De fillette parlez-lui, tac,
   Voilà la statue animée.

Quand quelque plaideur communique
Ses papiers à gens de pratique,
Si rien n'accompagne le sac,
On s'endort ; l'oreille est fermée ;
Mais joignez y de l'argent, tac,
   Voilà la statue animée.

Auprès d'une femme galante
Servez-vous de phrase élégante,
Parlez-lui Voiture et Balzac,
Elle dort ; l'oreille est fermée :
Prenez le ton du caissier, tac,
   Voilà la statue animée.

Quand pour quelque ancienne dépense
L'on vient faire la révérence
Au chevalier de Crédillac,
Il s'endort ; l'oreille est fermée ;
Parlez-lui d'un dîner, tac,
   Voilà la statue animée.

Qu'on propose à la jeune Ismène
Un mari que la soixantaine
Commence de rendre almanach,
Elle dort ; l'oreille est fermée :
Si c'est un jeune égrillard, tac,]
   Voilà la statue animée.

L'an passé la jeune Amaranthe
Fut très long-temps pâle et mourante;
Des médecins tout le mic mac
N'opéra que de la fumée.
Il vint un certain guerrier, tac,
   Voilà la statue animée.

Lise à douze ans était pécore ;
Aucun soupir n'avait encore
Pressé son petit estomac ;
Tircis vint, elle en fut charmée,
Dans ce moment l'amour fit tac,
   Voilà la statue animée.

PANARD.

AU BOUT DU FOSSÉ LA CULBUTE.

Air : *Regards vifs et joli maintien.*

A s'occuper du lendemain
Combien de gens passent leur vie;
D'un espoir toujours incertain
Se bercer est une folie.
Pour moi, je dois en convenir,
La prévoyance me rebute :
Et que m'importe l'avenir ?
Du présent je songe à jouir :
Au bout du fossé (*bis*) la culbute. (*bis*)

Puisque la vie est un trajet
Franchissons gaîment la barrière :
Le plus sage est celui qui sait
De fleurs embellir sa carrière.
On dit que chaque pas qu'il fait
Conduit un mortel vers sa chute :
Hé bien ! quand viendra le moment
Je veux encor chanter gaîment :
Au bout du fossé (*bis*) la culbute. (*bis*.)

Vers les plaines du firmament
L'aréonaute qui voyage,
Plus d'une fois assurément
Chante en route mon vieil adage.
Il doit, quelque soit son talent,
D'autant plus redouter la chute,
Que, dans ce perfide élément,
On ne fait pas impunément
Au bout du fossé (*bis*) la culbute. (*bis*)

Aux vœux, aux sermens pleins d'ardeur
Qu'amour exprimait par ma bouche ;
Corine opposait la pudeur
Et la vertu la plus farouche ;
J'attaque un jour avec chaleur
La conquête qu'on me dispute,
Et quoiqu'on ait bien combattu,
L'amour fit faire à la vertu...
Au bout du fossé (*bis*) la culbute. (*bis*.)

Bourgeois de Londres, de Paris,
Grands diplomates en boutique,
Cessez d'échauffer vos esprits
Sur les démêlés politiques.
Entre les Whigs et les Terys
Que vous importe la dispute ?
Ne voyez-vous pas chaque jour
Que ces messieurs font tour à tour
Au bout du fossé (*bis*) la culbute. (*bis*.)

LÉGER.

LES JARRETIÈRES.

Air : *Du vaudeville de la Soirée orageuse.*

Maudit soit l'auteur indiscret
Né pour tourmenter ses confrères,
Qui me choisissant un sujet
Me fait chanter les jarretières ;
Je crains ou de vous endormir
Ou d'être accusé d'indécence :
N'importe, il faut vous obéir ;
Mais honni soit qui mal y pense.

Pour en parler plus savamment,
Me trouvant auprès de Glycère,
Je la suppliai poliment
De me prêter sa jarretière ;
En vain je priai : je trouvai
Trop de vertu, de résistance.
Adroitement je l'enlevai ;
Mais honni soit qui mal y pense.

Je voulus après, tendrement,
Par mes soins calmer sa colère :
Mais elle me dit durement :
Je veux ravoir ma jarretière :
D'elle alors je me rapprochai ;
Et, pour réparer mon offense,
Moi-même je la rattachai ;
Mais honni soit qui mal y pense.

C'est ainsi qu'un traité de paix
Enfin arrangea mes affaires ;
Depuis, elle ne m'a jamais
Su refuser ses jarretières ;
C'est toujours moi qui les défais;
Et, jugez de sa confiance,
C'est toujours moi qui les remets;
Mais honni soit qui mal y pense.

Dieu ! que j'ai découvert d'appas...
Dans son cœur, dans son caractère !
Non, je ne la connaissais pas
Avant de voir sa jarretière.
Pour avoir d'un objet qui plaît
Une parfaite connaissance,
Ami, voilà le vrai secret ;
Mais honni soit qui mal y pense.

SÉGUR aîné.

LA FAUVETTE,

ROMANCE.

Air *connu*.

 Cœurs sensibles, cœurs fidèles,
Qui blâmez l'Amour léger,
Cessez vos plaintes cruelles ;
Est-ce un crime de changer ?
Si l'Amour porte des ailes
N'est-ce pas pour voltiger ?

 Le papillon de la rose
Reçoit le premier soupir,
Le soir un peu plus éclose
Elle écoute le Zéphyr :
Jouir de la même chose,
C'est enfin ne plus jouir.

 Apprenez de ma fauvette
Qu'on se doit au changement ;
Par ennui d'être seulette
Elle eut moineau pour amant :
C'est sûrement être adroite
Et se pourvoir joliment.

 Mais moineau sera-t-il sage ?
Voilà fauvette en souci ;
S'il changeait, dieu ! quel dommage,
Mais moineaux aiment ainsi ;
Puisqu'Hercule fut volage
Moineaux peuvent l'être aussi.

Vous croiriez que la pauvrette
En regrets se consuma ;
u village une fillette
urait ces faiblesses là :
Mais le même jour, fauvette
Avec pinçon s'arrangea.

Quelqu'un blâmera peut-être
Le nouveau choix qu'elle fit ;
Un jaseur, un petit maître !...
C'est pour cela qu'on le prit :
Quand on se venge d'un traître
Peut-on faire trop de bruit.

Le moineau, dit-on, fit rage ;
C'est là le train d'un amant :
Aimez bien, il se dégage ;
N'aimez pas, il est constant.
L'imiter c'est être sage,
Aimons et changeons souvent.

La marquise d'ANTREMONT.

LE DORMEUR.

Air : *Femmes voulez-vous éprouver ?*

Mes bons amis, j'aime à dormir :
Au lit, bercé par un doux songe,
Je puis voyager à loisir
Dans l'heureux pays des mensonges.
Là jamais rien ne s'offre à moi
Sous des rapports noirs et sinistres :
Je vois tout en beau...comme un roi
Qui ne voit que par ses ministres.

Accablé de mille fléaux,
Pour le malheur le peuple veille :
En trouvant l'oubli de ses maux,
Il est heureux quand il sommeille.
Et vous pervers, que le remord,
Poursuit, assiége et supplicie,
Sans cette image de la mort
Pourriez-vous supporter la vie ?

Quand, papillon vif et léger,
Je voltige de belle en belle,
Dans mes lacs je sais engager
La plus tendre et la plus fidèle :
Si jusqu'aux bras de la beauté
L'amour favorisé m'élève,
D'un vernis de réalité
Il a soin d'embellir mon rêve.

Sans m'effrayer de sa hauteur,
En dormant je vole au Parnasse,
Et je n'y vois aucun auteur
Que je n'égale ou ne surpasse.
Puis-je être en rêve émerveillé
De siéger auprès de Molière,
Quand maint auteur bien éveillé
Croit marcher l'égal de Voltaire ?

Si, le front couvert de lauriers,
Enfant gâté de la victoire,
Je guide nos braves guerriers
Dans les nobles champs de la gloire
Là, pour dompter l'orgueil anglais,
L'Europe avec moi se soulève...
Mon Dieu! ne verrons-nous jamais
Réaliser un si beau rêve !!!

Quelquefois roi, sans y penser,
Mais fier d'illustrer ma couronne,
Je voudrais ne récompenser
Que les vrais défenseurs du trône,
Las! il faut souvent, par malheur,
A des pantins tout couverts... d'ambre,
Avec des croix payer l'honneur
D'avoir sali mon antichambre.

Tout dort ici-bas, c'en est fait :
Tant mieux, le sommeil, je vous jure,
Est le plus céleste bienfait
Que nous départit la nature.
C'est un temps perdu, nous dit-on ;
Mais tant de charme l'accompagne !
Que l'on peut dire avec raison
Qu'alors on joue à qui perd gagne.

LÉGER.

LE PRISONNIER.

CHANSON.

Hirondelle gentille
Voltigeant à la grille
    Du cachot noir,
Vole, vole sans crainte ;
Au bord de cette enceinte
    J'aime à te voir,
Légère aérienne,
Dans ta robe d'ébène ;
    Lorsque le vent
Soulève, sous tes plumes,
Comme un flocon d'écumes,
    Ton corset blanc.

   D'où viens-tu ? qui t'envoie
Porter si douce joie
    Au condamné ?
O riante compagne !
Viens-tu de la montagne
    Où je suis né ?
Viens-tu de la patrie
Eloignée et chérie
    Du prisonnier ?
Fée aux brillantes ailes,
Conte-moi des nouvelles
    Du vieux foyer.

Dis-moi s'il est encore
Un endroit où l'aurore,
 Fille des airs,
Se mire aux larmes blanches
Qui dorment sur les branches
 Des sapins verts ?
Oh ! dis-moi si la mousse
Est toujours aussi douce,
 Et si par fois,
Au milieu du silence
Le son du cor s'élance
 Du fond des bois.

Si quelqu'ombre de femme
Pensive comme une âme
 Ne s'en vient plus
Prier dans la chapelle
Lorsque la cloche appelle
 A l'Angelus.
Dis-moi si l'homme espère
Encore sur la terre
 Quelques beaux jours ?
Si la blanche aubépine
Au haut de la colline
 Fleurit toujours ?

Si celle que j'adore
M'attend et pleure encore,
 Mais ne dis pas
Le nom chéri de celle
Que j'adore, hirondelle,
 Ou parle bas.
Car c'est chose sacrée,
Pieuse et révérée,
 Autant que Dieu,
Que le nom qu'on change
Sur les lèvres d'un ange
 Avec du feu.

Il pleut ; la nuit est sombre ;
Le vent souffle dans l'ombre
  De la prison.
Hélas ! pauvre petite,
As-tu froid ? entre vite
  Au noir donjon !
Tu t'en voles !!! j'y songe.
C'est que tout est mensonge,
  Espoir heurté ;
Il n'est dans cette vie
Qu'un bien digne d'envie ;
  La liberté.

LA NOCE D'UN BRAVE.

Air : *Pierrot partant pour la guerre.*

 Près de sa moitié chérie
J'aime à voir ce noble preux,
Qui dans sa gaîté, s'écrie
Victoire me rend heureux ! (bis.)
D'humeur aimable et légère,
Il préfère, dans ce jour,
A la trompette guerrière
Le galoubet de l'amour.
  R'lin tin tin,
  Chez l'hymen   } bis.
Il fera bien son chemin. } en chœur.

 Bravant le feu, la mitraille,
Ce grenadier triomphant
Frappait d'estoc et de taille,
A Zurich, à Friedland.
Hélas ! c'est assez détruire,
Et je veux que cette nuit,
Avec Victoire *, en délire,
Il moule un petit conscrit.
  R'lin tin tin, etc.

 Quand l'Autrichien en retraite
Fuyait devant nos guerriers,
Victoire posait sa tête
Sur un faisceau de lauriers.
Mais, cette nuit, s'il repose,

(*) Sophie, Adèle, Hortense, Julie, Thérèse, Pauline,

Ce sera, je le prédis,
Sur les myrtes et la rose
Que sa main aura cueillis.
    R'lin tin tin
    Chez l'hymen
Il fera bien son chemin.

Pour bien aimer il faut boire,
C'est un précepte certain,
Qu'Anacréon et Grégoire
Démontraient soir et matin.
Quoique buvant à plein verre,
De ce jus du bon endroit,
Dans le pays de Cythére
Notre amant marchera droit;
    R'lin tin tin
    Chez l'hymen
Il fera bien son chemin.

          CASIMIR MÉNESTRIERS.

LE LENDEMAIN DES NOCES,

RONDE VILLAGEOISE CHANTÉE PAR LE MARIÉ.

Air : *Eh ! gai, gai, gai, mon officier.*

Eh ! gai, gai, ne craignez rien ;
    Gentilles
    Jeunes filles ;
Eh ! gai, gai, gai, ne craignez rien,
Suzon se trouve bien.
Quand vos quinze ans arrivent,
Vous soupirez tout bas,
Mais si les jours se suivent,
Ils n' se ressemblent pas.
Eh ! gai, gai, gai, etc.

    Hier, au gré de ma flamme,
Avec elle on m' fiança ;
Hier ell' devint ma femme,
Je vais vous conter ça.
Eh ! gai, gai, gai, etc.

    On dîna sous l'ombrage ;
Et j' disais, à part moi
» C'est un bien bel usage
» D' rentrer chacun chez soi ! »
Eh ! gai, gai, gai, etc.

    Tout l' village, à l'envie,
But à notre santé ;
J' répliquai que de ma vie
Je n' m'étais mieux porté.
Eh ! gai, gai, etc.

Lubin eut la jar'tière ;
Mais j'étais ben certain
Que j'serais, dans ma chaumière,
Plus adroit que Lubin.
Eh ! gai, gai, gai, etc.

Au sortir de la danse,
L'Amour et l'Amitié
M'am'nèrent, en cadence,
Ma naïve moitié.
Eh ! gai, gai, gai, etc.

J'étais content d' la fête
Qui v'nait de se passer
L'autre était toute prête ;
J' brûlais d'la commencer.
Eh ! gai, gai, gai, etc.

La mère qui sait vivre,
Doucement s'en alla ;
Suzon voulait la suivre ;
Mais l'Amour était là.
Eh ! gai, gai, gai, etc.

Suzon, s'voit sans défense ;
Jugez de son embarras.
Sa timide innocence
Vient s'cacher dans mes bras.
Eh ! gai, gai, gai : etc.

Son blanc fichu s'entr'ouvre ;
La rose est sous ma main ;
A m'sur' qu'on en découvre ;
On fait un joli ch'min.
Eh ! gai, gai, gai, etc.

P'tit-à-p'tit, moins honteuse,
Suzon craint d' me r'buter ;
Puis ell' devient curieuse,

Preuv' qu'ell' veut profiter.
Eh ! gai, gai, gai, etc.

Tandis qu' Suzon s' rassure,
Voilà qu' sans l'fair' exprès,
I' n' lui reste d' parure
Quasi... que ses attraits.
Eh ! gai, gai, gai, etc.

Nous étions sans lumière ;
Suzon v'nait d'la souffler ;
Mais quand l'désir éclaire,
On trouve à qui parler.
Eh ! gai, gai, gai, etc.

Le jour allait éclore,
Que je n'avais pas tout dit ;
Et dès avant l'Aurore,
Suzon montra d' l'esprit.
Eh ! gai, gai, gai, etc.

Ce soir, ce s'ra de même ;
Et v'là, quand on est fin,
Comm' on forme c'qu'on aime,
Du soir au lendemain.
Eh ! gai, gai, gai, ne craignez rien,
  Gentilles
   Jeunes filles ;
Eh ! gai, gai, gai, ne craignez rien ;
Suzon se trouve bien.

M. DESFONTAINES.

REQUÊTE

Adressée à deux jeunes époux, par le premier enfant qui doit naître de leur mariage.

Air : *Du vaudeville du Petit Corsaire* : ou *Adieu, je vous fuis, bois charmant.*

On vient de m'apprendre en ce jour
Mon futur et très-tendre père,
Que vous allez, brûlant d'amour,
Épouser ma future mère.
L'Amour vous range sous sa loi ;
J'en suis charmé, je le confesse,
Car personne ici plus que moi
A votre hymen ne s'intéresse.

On devrait bien prendre, avant tout,
L'avis de ses enfans à naître ;
Leur demander quel est leur goût,
Enfin comment il voudrait être.
Personne ainsi ne se conduit,
Et selon moi c'est une insulte ;
Puisque c'est de moi qu'il s'agit
C'est bien le moins qu'on me consulte.

Je veux d'abord être garçon,
Pour être un jour un Alexandre ;
Çà, mon cher père, attention,
Surtout n'allez pas vous méprendre ;
Je me sens les goûts d'un luron ;
Feu d'amour dans mon sein pétille ;
Et je serais joli garçon,
Si vous alliez me faire fille.

Si l'on voit maint enfant mal fait,
Ça vient de trop d'étourderie ;
Avant de traiter un sujet,
Il faut au moins qu'on l'étudie.
Ainsi quand vous en serez là ;
Avant de souffler la bougie,
Lisez un chapitre de la
Mégalenthropogénésie.

Je veux donc être fort bien fait ;
Un bel homme est chéri des belles ;
Ainsi donnez-moi, s'il vous plaît,
Afin d'être bien auprès d'elles,
De jolis yeux pour les charmer,
Bouche aimable pour leur sourir,
Un bon cœur pour les bien aimer,
Et de l'esprit pour le leur dire.

Je veux ensuite être malin,
Et pourtant d'un bon caractère ;
Vif, aimable, joyeux.... enfin,
Que je sois le fils de mon père.
Mais c'est peu d'être ainsi formé ;
Sans les grâces on ne peut plaire :
Donnez-moi donc, pour être aimé
Toutes les grâces de ma mère.

Je vous ai donné mes avis.
Vous....procédez à ma naissance :
Votre humble et respectueux fils
Attend le don de l'existence.
Mais quoique ce don soit charmant,
J'aurais mieux de plaisir, cher père,
A recevoir un tel présent
Que vous n'en aurez à le faire.

M. Eugène Scribe.

LE BON MARI.

Air : *Du roi d'Yvetot.*

Il était un époux jadis
Qu'on citait pour modèle ;
Pour femme il vint prendre à Paris
Une Agnès jeune et belle ;
La nuit qui couronne ses feux
Il fut, au delà de ses vœux ;
Heureux.
Oh ! oh ! oh ! oh ! ah ! ah ! ah ! ah ! ⎫
Le bon mari que c'était là,   ⎬ *chœur.*
Là ! là !   ⎭

Trois mois après un bon matin
Il fut époux et père ;
Il rendit grâce au chaste Hymen
D'une faveur si chère ;
Et l'on dit même qu'il pleura
Quand le bel enfant l'appela,
Papa !
Oh ! oh ! oh ! oh ! ah ! ah ! ah ! ah !
Le bon mari que c'était là
Là ! là !

On dit que jamais on ne vit
Un époux si tranquille ;
Aussi, quoique sa femme fît,
Rien n'échauffait sa bile ;
Jamais il ne la contredit,
Et, toujours le premier au lit,
Dormit.
Oh ! oh ! oh ! oh ! ah ! ah ! ah ! ah !
Le bon mari que c'était là,
Là ! là !

Ses voisins complaisans et doux
S'empressaient à lui plaire ;
Pour ses enfans ils avaient tous
Des entrailles de père ;
Ah ! disait-il tout étonné,
Il faut vraiment que je sois né
Coiffé.
Oh ! oh ! oh ! oh ! ah ! ah ! ah ! ah !
Le bon mari que c'était là,
Là ! là !

A la Saint Joseph, tous les ans,
On célébrait sa fête :
Sa femme et nombreux enfans
De fleurs ornaient sa tête :
S'il lui survenait un poupon,
Joyeux, il rendait grâce à son
Patron.
Oh ! oh ! oh ! oh ! ah ! ah ! ah ! ah !
Le bon mari que c'était là,
Là ! là !

Ses confrères, après sa mort,
En grand deuil l'escortèrent ;
Et là, tous, d'un commun accord,
Bienheureux le nommèrent,
Sur sa tombe on grava ces mots,
Que chacun fesait redire aux
Echos :
Oh ! oh ! oh oh ! ah ! ah ! ah ! ah !
Le bon mari que c'était là,
Là ! là !

M. Justin Gensoul.

LE DERNIER VOEU D'UN GASTRONOME.

Air : *Eh, gai, gai, gai, mon officier.*

Buvons, chantons toute la nuit,
    Est-il vie
    Plus jolie ?
Buvons, chantons toute la nuit,
    Gaîté jamais ne nuit.

Bacchus a mille charmes,
J'aime son jus divin ;
Il bannit les alarmes,
Dissipe le chagrin.
Buvons, chantons, etc.

Quel plaisir délectable
Pour la bouche et les yeux,
De voir sur une table,
Plats choisis et nombreux !
Buvons, chantons, etc.

Quand j'ai la panse pleine,
Je n'ai plus de désir.
Voilà le seul domaine (Le ventre)
Que je veux arrondir.
Buvons, chantons, etc.

Je me ris d'un avare
Entassant sous sur sous ;
Dans le sombre Tartare
Aura-t-il plus que nous ?
Buvons, chantons, etc.

De l'amour à Cythère
Jadis suivant les pas,
A plus d'une bergère
Je fis faire un faux pas :
Buvons, chantons, etc.

Mais qu'aujourd'hui fillette
Me fasse les yeux doux,
Je lui dis : ma brunette,
Mon cœur n'est pas pour vous;
Buvons, chantons, etc.

Bonne et copieuse chère,
Vins vieux et délicats,
Aujourd'hui, pour me plaire
Ont cent fois plus d'appas.
Buvons, chantons, etc.

Au bout de ma carrière
Une fois arrivé,
Je veux que l'on m'enterre
Dans un vaste pâté.
Buvons, chantons, etc.

Qu'on lise sur la croûte
Pour toute inscription :
Ici, sous cette voûte,
Repose un bon garçon.
Buvons, chantons toute la nuit,
  Est-il vie
  Plus jolie ?
Buvons, chantons toute la nuit,
  Gaîté jamais ne nuit.

Par un Membre de la Société joyeuse.

CHANSON

Adressée à une Dame, le lendemain de son mariage.

Air : *Il faut des époux assortis ; ou, Adieu, je vous fuis, bois charmant.*

    Adieu, soins frivoles et vains,
Un nœud sérieux vous engage ;
Plus de jeux, de ris enfantins,
L'Hymen est le jeu de votre âge.
Julie, ah ! cédez sans rougir
Au jeune époux qui vous adore ;
La rose sourit au zéphir
Dont le souffle la fait éclore.

    C'est dans nos beaux ans que l'Amour
Fait briller son éclat frivole ;
Le charme est séduisant, mais court :
Jeunesse fuit, Amour s'envole.
Ah ! que ton flambeau, dieu malin,
Le cède au feu de l'Hyménée !
L'un n'est que l'astre du matin,
L'autre luit toute la journée.

    L'Amour irrite les désirs,
Et s'enveloppe du mystère :
L'Hymen donne de vrais plaisirs,
Et ne contraint point à les taire.
Dans nos vergers ainsi la fleur
Présente en secret l'espérance ;
Le fruit mûrit, et sa saveur
Sans crainte offre la jouissance.

Qu'il est doux, au sein du bonheur
De pouvoir épancher son âme,
De nommer tout haut son vainqueur,
De dire, en avouant sa flamme :
» Oui, je possède en mon mari
» Tous les objets qu'un bon cœur aime,
» Un amant, un frère, un ami,
» Plus encore, un autre moi-même ! »

On nous dit qu'il est peu d'hymens
Qui n'éprouvent quelque nuage ;
Mais femme aimable a dans ses mains
Le sort et la paix du ménage ;
L'homme est prompt à se chagriner,
Aisément sa fierté se blesse ;
Que faut-il pour le ramener ?
Un mot, un geste, une caresse.

AUX DEUX ÉPOUX.

Qu'à vos nœuds préside en tout temps
L'aménité, la politesse ;
Décence, égards, sont les garans
De l'estime et de la tendresse.
Le ciel, auprès de nos défauts,
Dans nos cœurs plaça l'indulgence ;
Il voulut adoucir nos maux
Par les soins et la complaisance.

Pour plaire et pour donner des lois,
Gardez de jamais contredire ;
La douceur assure vos droits,
L'art de céder fait votre empire.
S'il survient parfois un gros temps,
Des flots prévenez la colère,
Et sachez déjouer les vents
En mouillant au port de Cythére.

R^{ené}

LES CHAGRINS

D'UNE FEMME SENSIBLE,

APRÈS UN AN DE MÉNAGE.

Air : *Du Vaudeville des Maris ont tort.*

Comme un an d' ménage nous change !
Comm' ça refroidit les maris !
L' mien, qui m'trouvait bell' comme un ange,
D' mes attraits n' paraît plus épris :
En vain maint'nant je veux lui plaire,
Il me fuit toujours sans pitié,
Et n' cherche plus, quoique j' puiss' faire,
A s' réunir à sa moitié.

Les premiers jours d' not' mariage
Je l' trouvais toujours sur mes pas,
Car il n'était point assez sage,
Et prenait trop souvent mon bras.
Quand par hasard j' voulais m'défendre,
J'avais l' dessous, çà s' comprend bien ;
Il m' prenait un baiser bien tendre,
Maintenant il ne m' prend plus rien.

Il n' manqu' jamais d'être maussade,
Et pour que je n' lui demand' rien,
Il a soin d' dir' qu'il est malade,
Quand il voit que j' me porte bien.
Tous les soirs il fait la grimace ;
Prétend qu'il a besoin de r'pos !
Si bien qu'au lieu d' êt' face à face
Tout' la nuit nous somm's dos-à-dos.

Jadis quand l'hiver était rude,
L'un d' l'autre nous nous approchions,
C'était toujours là le prélude
D' la chaleur que nous éprouvions.
Pour calmer le froid que j'endure,
Au lit j' fais des vœux superflus,
Et j' sens qu'il m' manque un' couverture
D' puis qu' mon mari n' m' réchauffe plus.

En peu de mots v'là mon histoire,
Jugez si ça peut m' fair' plaisir !
Quand je n' lui verse pas à boire,
Faut qu' je r'gard' mon mari dormir.
D'amour si j' lui demande un' preuve,
Monsieur se fâche sans raison,
Et je pourrais me croire veuve
Sans l' bruit qu'il fait à la maison.

M. Belle aîné.

RONDE.

Air : Maman, mariez-nous.

Gai, gai, mariez-vous :
Il faut faire
Cette affaire ;
Gai, gai, mariez-vous :
C'est le plaisir le plus doux.
Tout se marie à son tour ;
L'Hymen est par sa loi pure,
La dette de la nature
Et le paîment de l'Amour.
Gai, gai, etc.

Dieu jadis s'étant douté
Qu'Adam s'ennuirait sur terre,
Le maria sans notaire,
Sans municipalité.
Gai, gai, etc.

Puissé-je, heureux marié,
Par un sort digne d'envie,
Troquer un tiers de ma vie
Pour un quart de la moitié!
Gai, gai, etc.

In nomine Domini,
Suivant la loi de nature,
Crescite, dit l'Écriture,
Et multiplicamini.
    Gai, gai, etc.

Avant un an, je soutiens,
Qu'il faut qu'une circulaire
Nous apprenne que la mère
Et l'enfant se portent bien.
    Gai, gai, etc.

Et de vos feux désormais
Que l'ivresse ne s'arrête
Qu'avec la soif du poète
  Qui ne finira jamais.
    Gai, gai, etc.

M. DÉSAUGIERS.

PETIT RECUEIL

DE

COUPLETS, CHANSONS ET RONDES

POUR LES NOCES

BAPTÊME ET CINQUANTAINES.

HISTOIRE DE L'HYMEN.

Air : *Jupiter un jour en fureur.*

On raconte qu'Hymen un jour
Voulant régler son vaste empire,
Sur les lois qu'il devait prescrire
   Prit les avis de l'Amour.
Ecoutez quelques mots du code
De ce charmant législateur :
   Pour arriver au bonheur   *bis.*
     Retenez sa méthode.   *bis.*

  Que l'épouse, dans son printemps,
Possédant bien son art de plaire,
Et vive, sans être légère,
   Sache aimer à dix-sept ans ;
Que d'une âme novice encore
Son regard peigne la candeur,
   Et promette à son vainqueur
     Des plaisirs qu'elle ignore.

Pour mieux jouir du doux moment
Où l'Amour lui-même préside,
Que d'abord la beauté timide
Résiste, mais faiblement ;
Employez la force et l'audace,
Tendre amant, fuyez le repos,
Et combattez en héros,
Pour emporter la place.

Bientôt un feux délicieux
Pare sont front et le colore ;
Et le désir qui la dévore
Etincelle dans ces yeux :
C'est le moment de la victoire ;
Guerrier couronnez vos exploits,
Et moissonnez à la fois
Le plaisir et la gloire.

Ainsi, dans les fastes charmans,
Qu'écrivit une main divine,
J'ai lu vingt fois, à la sourdine,
Tous les secrets des amans.
Pratiquez ce galant mystère,
Et dans neuf mois, un bel enfant
Pourra rendre à la maman
Les baisers de son père.

M. ANDRIEUX.

MARCHE CONJUGALE

En reconduisant les nouveaux époux chez eux.

Air : *Rantamplant tire-lire.*

Fêtons le couple charmant
    En plein plan,
    Rantanplan
    Tire-lire
    En plan.
Fêtons le couple charmant
Qu'ici chacun admire.
Qu'ici chacun admire,
    Rantanplan
    Tire-lire ;
Et lui disons franchement
    En plein plan,
    Rantanplan
    Tire-lire
    En plan,
Et lui disons franchement
Tout ce qu'il nous inspire.
Tout ce qu'il nous inspire,
    Rantanplan
    Tire-lire ;

C'est un tendre sentiment
 En plein plan,
 Rantanplan,
 Tire-lire
 En plan :
C'est un tendre sentiment,
C'est un joyeux délire !
C'est un joyeux délire !
 Rantanplan
 Tire-lire ;
L'époux difficilement
 En plein plan,
 Rantanplan
 Tire-lire
 En plan,
L'époux difficilement
Cache ce qu'il désire.
Cache ce qu'il désire,
 Rantanplan
 Tire-lire
Son épouse innocemment.
 En plein plan,
 Rantanplan,
 Tire-lire
 En plan,
Son épouse innocemment
Se borne à lui sourire.
Se borne à lui sourire,
 Rantanplan
 Tire-lire ;
Désirs, sourire innocent,
 En plein plan,
 Rantanplan
 Tire-lire
 En plan,
Désirs, sourire innocent
Dans ce cas, veulent dire...
Dans ce cas, veulent dire...
 Rantanplan
 Tire-lire ;

Qu'on ne s'ra pas un moment ;
  En plein plan ,
  Rantanplan ,
  Tire-lire
  En plan ,
Qu'on ne s'ra pas un moment
Au logis sans bien rire,
Au logis sans bien rire ,
  Rantanplan
  Tire-lire ;
Qu'enfin leur bonheur s'ra grand ;
  En plein plan ,
  Rantanplan
  Tire-lire
  En plan ;
Qu'enfin leur bonheur s'ra grand
Plus qu'on ne saurait dire.

      ★★★

UNE MÉRE A SA FILLE.

Air : *Lorsque vous verrez un amant ;*
ou : *Au sein d'une fleur tour-à-tour.*

   Après les chagrins, les ennuis,
Mon enfant, un beau jour commence :
Toi seule causais mes soucis :
Je ne vivais qu'en espérance.
A l'ivresse que j'en conçois
Je pourrais dire sans mystère
Que si les plaisirs sont pour toi,
Tout le bonheur est pour ta mère ;

   Que celui qui fixe ton choix,
Te donne des jours san nuage
Que ses désirs fassent tes lois,
C'est le secret d'un bon ménage.
Recherche ses goûts, son humeur ;
Que sa famille te soit chère ;
Ma fille, en faisant leur bonheur :
Paira la dette de sa mère.

                                ***

COUPLETS A UNE JEUNE MARIÉE.

Air : *J'étais bon chasseur autrefois.*

Sophie, au gré de nos désirs,
L'Hymen va couronner ta tête :
Nouveaux devoirs, nouveaux plaisirs,
Voilà ce que ce Dieu t'apprête.
Pour toi tout change, et dès demain,
Par une douce expérience,
Tu diras : Du soir au matin,
Ah ! bon Dieu, quelle différence !

Aujourd'hui ton heureux époux,
Brûlant et d'amour et d'ivresse,
N'aspire qu'à l'instant si doux
Qui doit te prouver sa tendresse.
Ah ! puisses-tu de ses sermens
Regrettant la vive éloquence,
Ne pas dire dans quelque temps :
Ah ! bon Dieu, quelle différence !

Unis par l'âge et par le cœur,
Que peut-il vous manquer encore ?
L'âge fuit, c'est un grand malheur ;
Mais le cœur reste à son aurore.
Vieux, on s'aime toujours autant,
Soit habitude, soit constance ;
On se le prouve moins souvent,
Voilà toute la différence.

DÉSAUGIERS.

* Julie, Hortense, Constance, Victoire, Lucile, Thérèse, Louise, Agathe, Laurette.

A UNE JEUNE MARIÉE.

Air : Comme j'aime mon Hyppolite.

Prêtez l'oreille à ma chanson ;
Jeune beauté, soyez discrète ;
Un apôtre de grand renom
M'a choisi pour son interprète.
Or, voici sur ce sacrement
Tout l'esprit d'un chef de l'Église :
» Le jour, mari, soyez galant,
» La nuit femme, soyez soumise. } *bis.*

Ton amant, timide autrefois,
Se contentait d'un doux sourire ;
Avant peu, jaloux de ses droits,
Il voudra tout ce qu'il désire,
Mais, de ses progrès dans ton cœur,
Tu ne dois pas être inquiète :
Le jour eût blessé ta pudeur,
La nuit cachera ta défaite.

Ton embarras dans ce moment
Me découvre plus d'un mystère :
Tu veux bien suivre ton amant,
Mais tu crains de quitter ta mère ;
Tu vois chacun d'eux, tour-à-tour,
Se disputer la préférence...
Consacre la nuit à l'amour,
Le jour à la reconnaissance.

COUPLETS

CHANTÉS PAR UNE AMIE DE LA MARIÉE.

Air : *Vaudeville de la robe et des bottes.*

Si l'amitié la plus constante
Long-temps nous unit sous ses lois,
Pour ton bonheur, obéissante,
A l'Hymen je cède mes droits.
De l'Amitié, l'Amour est frère,
Et quoiqu'il ait séduit ton cœur,
Sa présence chez toi, j'espère,
N'en éloignera pas la sœur.

Par un époux aimable et sage
D'un sort heureux tu vas jouir,
Dans ce joli pélerinage
Pour guide prenez le plaisir.
Que l'Estime et la Confiance
Près de vous fixent leur séjour,
Faites surtout que la Constance
N'abandonne jamais l'Amour.

Pour chanter ce doux mariage,
Pour fêter ces heureux époux,
Il fallait un autre langage :
Ici me pardonnerez-vous ;
Mais lorsqu'une amie aussi tendre
Fait des vœux pour votre bonheur
Sa voix n'a voulu faire entendre
Que l'expression de son cœur

AUGUSTE.

CONSEILS A UNE JEUNE MARIÉE.

Gentille Boulangère; ou *Partant pour la Syrie.*

Jeune et belle épousée,
Ecoutez un moment
Une morale aisée,
Et toute en sentiment :
Qu'Amour soit votre apôtre,
Votre seul directeur ;
Il en vaut bien un autre,
C'est l'apôtre du cœur.

Femme, soyez soumise,
Un grand saint vous l'a dit :
Mais ce saint, quoiqu'il dise,
Comme l'Amour fléchit ;
A son arrêt funeste
Opposez la douceur :
On règne sur le reste,
Quand on commande au cœur.

En amour comme en guerre,
(Ceci soit dit tout bas)
Sans l'art et le mystère
On ne réussit pas;
Qu'une simple parure
Relève vos appas ;
Vénus, sans sa ceinture ,
N'a jamais fait un pas.

Voulez-vous sur vos traces
Fixer le tendre Amour ?
Sacrifiez aux Grâces
Et la nuit et le jour ;
Surtout que la décence
Voile en vous le désir ;
Gardez votre innocence
Même au sein du plaisir

Accordez avec peine ;
Refusez sans aigreur ;
Avant qu'on vous obtienne,
Qu'il en coûte au vainqueur.
Pour faire un bon ménage,
Que, toujours amoureux,
Autant qu'il sera sage,
Votre époux soit heureux.

MARÉCHL.

COUPLET

D'UN CONVIVE ARRIVÉ LE LENDEMAIN.

Air : *Du lendemain.*

J'ai voulu, par prudence,
Laisser passer le grand jour ;
Malgré cela, je pense
Que je dois avoir mon tour :
Pour ce jour-là, dans l'usage,
Chacun garde son refrain ;
Moi j'aime encor davantage
Le lendemain.

GARNIER.

FIN.

LIMOGES ET ISLE.
IMPRIMERIE ARDANT FRÈRES.

TABLE.

Le vieux sergent (*Béranger*),	5
Le temps et l'amour (*Ségur*),	7
Mon sentiment sur mon sentiment (*Collé*),	8
Le vrai buveur (*Maître Adam*),	10
Le vieux drapeau (*Béranger*),	12
La chaîne (*Louvet*),	14
La Marseillaise (*Rouget de Lile*),	16
L'amour et le diable (*Creuzé de Lesser*),	19
Le tombeau de Poniatowski,	20
Les gueux (*Béranger*),	22
La colonne (*Debraux*),	24
Le champagne,	25
Plus on est de fous plus on rit (*Arm. Gouffé*),	27
Vive l'amour (*Ach. Fosset*),	29
Le diable roi (*Ed. Ducas*),	31
L'avez-vous vu? (*C. Ségur*),	33
Marche parisienne (*Cas. Delavigne*),	34
Grandes vérités,	36
La Robert-Macaire (*C. Brassier*),	39
Chanson de Roland (*Al. Duval*),	41
Les amourettes (*Berquin*),	43
Chanson à manger (*Désaugiers*),	44
Le roi de la liberté (*L. C.*),	46
Le petit bien de Lise (*Lallemand*),	47
L'amant serin (*Dorat*),	49
L'influence du mois de mai (*Lepeintre*),	50
Le tambour (*Jest*),	52
Le gascon (*Guilhem*),	54
Le désordre (*Ph. Yonet*).	56
Le legs du chansonnier (*Festau*),	58
Le pays classique (*Vand. Burch*),	60
Les souliers de Jean (*Champeaux*),	62
Le suisse de paroisse (*Alphonse*),	64
Le voyage de Prague (*Lecouturier*),	66
Le cardinal et le chansonnier (*Béranger*),	68
Les *oui* et les *non*.	70
Le vieux caporal (*Béranger*),	71
Lagaze (*Ségur*),	74

Les reliques (*Béranger*),	75
Le colin-maillard (*Ségur*),	77
L'oreiller (*Ségur aîné*),	78
La musette (*Laharpe*),	79
Souvenir du peuple (*Béranger*),	81
Les amours de Paris (*Ségur*),	83
Mon rêve (*Boufflers*),	85
La fin du monde (*Vieillard*),	86
Le bon vieillard (*Béranger*),	88
La nostalgie (*Béranger*),	90
La chaumière (*Ségur*),	92
Ma nourrice (*Béranger*),	94
Les voyages (*Ségur*),	96
Mes amis devenus ministres (*Béranger*),	97
Si la fortune me donnait (*C. Ségur*),	99
Le farceur (*Paul de Kock*),	100
Barcarolle de Fradiavolo (*Scribe*),	102
Le dessert (*Radet*),	103
La vivandière (*B. de P.*),	105
L'uniforme français (*Leclère*),	107
Le mariage de Nicaise (*Paul de Kock*),	109
Nouvelle hygière (*Simonnin*),	111
Lettre écrite d'Alger par M. Dumanet,	113
Les yeux bleus,	116
La bienfaisance (*Dorat*),	118
J'ai de l'argent (*Court*),	119
Croyez-vous que j'aime encore (*Scribe*),	121
La chaumière et le château (*St. Hilaire*),	122
La politicomanie (*St. Denis*),	123
Ronde de Fiorella (*Scribe*),	126
Gotton (*Béranger*),	127
Jacques et Marie (*Théaulon*),	130
Colibri (*Béranger*),	132
Les couleurs (*Fauchon*),	134
La peine et le plaisir (*Camille*),	136
Emile Debraux (*Béranger*),	138
Le jeune soldat (*Paul de Kock*),	140
La tante Marguerite (*Blot*),	142
L'Angelus (*Gensoul*),	143
Le rêve féodal (*W. Lafontaine*),	144

Vas comme j' te pousse (*Arm. Gouffé*), 142
L'amante abandonnée (*Léonard*), 149
Le roi des plaisirs (*Panard*), 151
L'orage (*Colardeau*), 154
Le matin (*Pilet*), 155
La bergère (*Boufflers*), 157
Poniatowski (*Béranger*), 158
Dorer la pilule (*Dupaty*), 160
Les grenadiers français (*A. Jy*), 161
Délire bachique (*Delavigne*), 163
Description de l'opéra (*Panard*), 166
Chanson militaire (*Pile*), 167
La vraie sagesse (*Eug. Scribe*), 168
Cadet et Babet (*Collé*), 169
Mon bonheur (*Hoffman*), 170
L'absence (*J. J. Rousseau*), 172
L'occasion manquée (*Verdé*), 173
Jamais et pourtant (*Carnot*), 175
Les caresses (*Em. Dupaty*), 177
Hymne à la gaité (*Désaugiers*), 178
Il faut aimer (*Farny*), 180
Les maux d'une jeune fille (*Marsalier*), 182
La veille le jour (*Millevoye*), 183
Le reveil-matin (*Arm. Gouffé*), 185
Le péché de paresse (*Collé*), 187
Le Palais-Royal *Désaugier*, 188
Les femmes vengées (Mme *Perrier*), 190
La table (*J. Gensoul*), 191
Tendres regrets (*Andrieux*), 193
Mon village (*Andrieux*), 195
La fièvre (*Constance Pipelet*), 196
Le belle Gabrielle, 198
L'amant discret (*Bernard*), 199
Eloge du café (*Léger*), 200
Le matelot (*Pinet*), 202
La petite Marguerite (*C. Denis*), 204
Le désir et le plaisir (Mme *Perrier*), 205
Un père à sa fille (*Sauger-Préneuf*), 207
Les repas de famille (*Sauger-Préneuf*), 209
Conseils à de jeunes mariés, 211
Le bon fils (*Florian*), 213

Le déjeuner (*Philipp. de la Madelaine*),	215
Ronde de table (*Dorat*),	217
L'amant subtil (*Bourgueil*),	219
Le coup du milieu (*Ar. Gouffé*),	220
Les vœux d'un amant (*Biboutel*),	222
Le quelque chose (*Ségur*),	223
Le bien et le mal (*Ségur aîné*),	225
A mon cigarre (*Pinet*),	227
Effet de la lumière (*Perchelet*),	229
Le portrait de mon voisin (*Léger*),	231
Le retour du soldat (*Leclère*),	233
L'éclipse de lune (*Pis*),	235
Les coups (*Désaugiers*),	237
Le pouvoir des voiles (*Ségur*),	239
Les fleurs (*Ségur*),	241
La statue (*Panard*),	243
Au bout du fossé la culbute (*Léger*),	245
Les jarretières (*Ségur aîné*),	247
La fauvette (*Marq. d'Avremont*),	249
Le dormeur (*Léger*),	251
Le prisonnier,	253
La noce d'un brave (*Casimir Menestrier*),	256
Le lendemain des noces (*M. Desfontaines*),	258
Requête adressée à deux jeunes époux, (*Scribe*),	261
Le bon mari (*Justin Gensoul*),	263
Le dernier vœu d'un gastronome,	265
Chanson à une dame le lendemain des noces,	267
Les chagrins d'une femme sensible (*Belle aîné*),	269
Ronde (*Désaugiers*),	271
Histoire de l'hymen (*M. Andrieux*),	273
Marche conjugale,	275
Une mère à sa fille,	278
Couplets à une jeune mariée (*Désaugiers*),	279
A une jeune mariée,	280
Couplets à une amie de la mariée (*Auguste*),	281
Conseils à une jeune mariée (*Maréchal*),	282
Couplet d'un convive etc. (*Garnier*),	284

FIN DE LA TABLE.

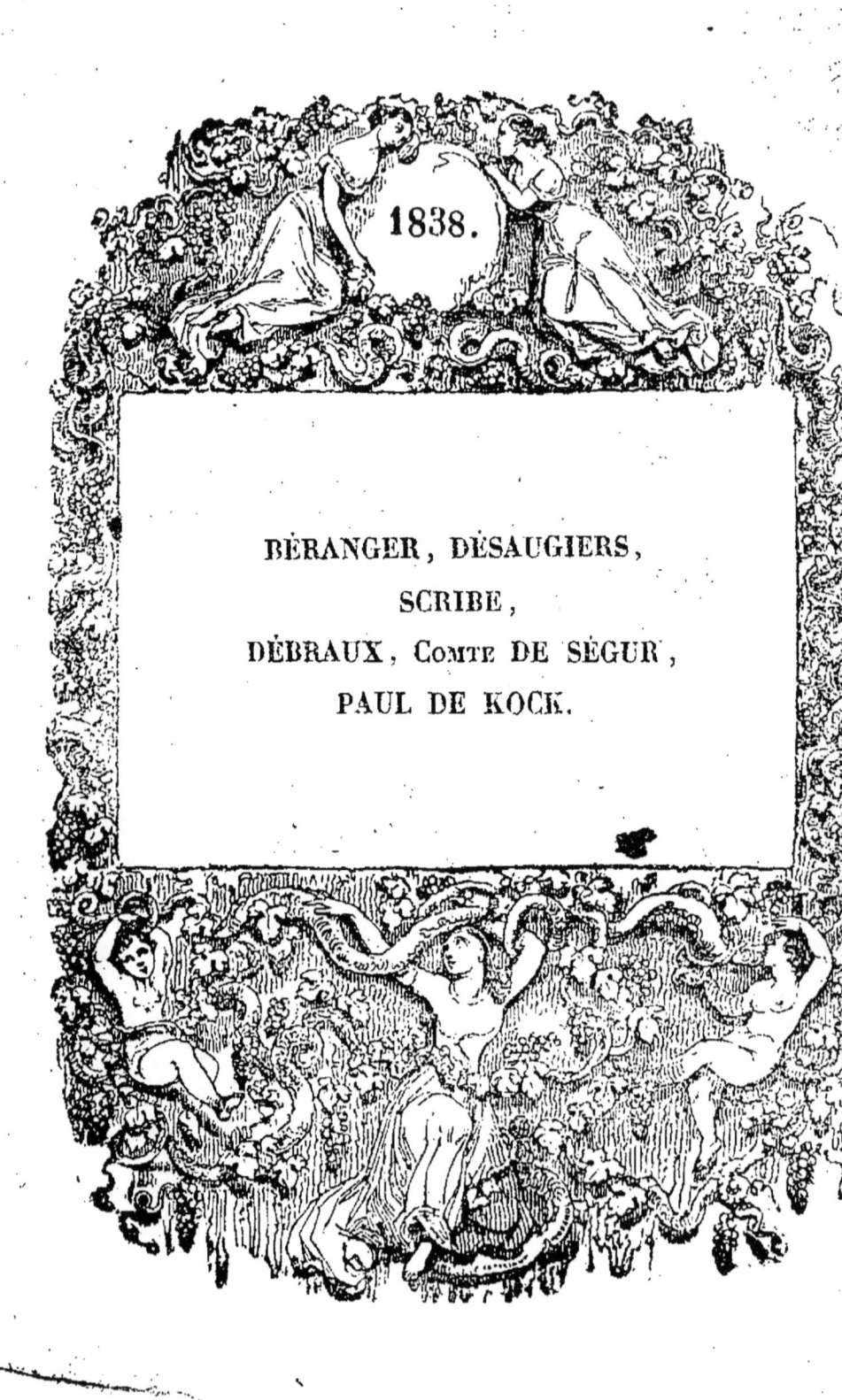

1838.

BÉRANGER, DÉSAUGIERS,
SCRIBE,
DÉBRAUX, Comte DE SÉGUR,
PAUL DE KOCK.

www.ingramcontent.com/pod-product-compliance
Lightning Source LLC
Chambersburg PA
CBHW070749170426
43200CB00007B/712